삶의 무늬

지성 · 감성의 메타언어
조선문학시인선 · 352

삶의 무늬

山井 시 우 미 시집

조선문학사

■ 책머리에

시인의 말

나에게 문학은 내 삶의 표현이며 흔적이며 제2 인생을 사는 구원입니다. 내가 살아가며 겪고 있는 고통과 고난을 치열한 정신으로 극복해 나가며 써왔던 글은 나의 이상을 지향하는 열정의 표현물입니다. 어떠한 문학장르이든 문학은 깨어있는 자의 기록이고 탄압받는 자의 절규이며 시대정신의 깐깐한 새김질이기 때문에 정당성을 확보합니다. 나는 한 세상 한 세월 살고 살면서 삶의 고귀한 이상을 품었으나 투쟁의 고달픈 행진에 낙오되어 늦은 저물녘에 고난이 닥쳤습니다. 절망의 늪에서 눈물 흘리며 어린 시절부터 좋아했던 글을 쓰기 시작했습니다. 시의 향기로 괴로움을 토해내서 고통을 승화시키는 카타르시스가 되었기 때문에 좌절과 고통 무기력의 시간에도 문학적 상상력의 세계 속에서 나는 비상(飛翔)이 가능했으며 지금까지 건재할 수 있었다고 봅니다.

나의 글쓰기는 포탄 맞은 가슴처럼 갈갈이 찢어지고 헤진 상처를 싸안아 새살이 돋게 했으며 메마른 가슴에 폭포수 같은 서정이 흘러내리게 하여 폭압의 시기에도 당당히 존재하였습니다.

나는 삶을 추스르게 하는 아름다운 자연을 내 가슴에 품으며 아침

해로 밝아 오는 드넓은 하늘을, 파릇파릇 새싹이 돋아나는 희망의 봄을, 여름날 풀잎과 풀벌레의 노래와 가을 단풍을 시로 쓰며 함박눈이 펄펄 내리는 산야 등 사철의 색채와 흐름을 아름답게 글로 쓰고 싶은 욕망을 느꼈습니다. 높은 사유와 감성이 부족하지만 나의 글들은 애틋한 정성이 담겨 있는 내 삶의 기록이고 반영이며 거울입니다. 적절한 어휘로 표현 못한 미비한 글들이지만 나름대로 나의 정서와 사상이 녹아 있습니다. 나는 내 인생 황혼녘에 물새 나는 노을을 보며 삶을 음미하며 한 줄의 시를 떠 올릴 수 있다는 행복감이 내 몸을 적시었습니다. 살아 있음으로 삶의 고달플 때나 기쁠 때나 언제나 나는 하나님과 시와 함께 했습니다. 그리하여 나의 글은 내 인생이 고스란히 담겨 있는 충실한 반영물입니다.

또한 나에게 문학은 이 세상은 살만한 가치가 있다고 가르치는 나침반이며 지침서이기도 합니다. 하나님이 나의 모든 것이고 시도 내 영혼의 양식이며 내 삶의 표현이며 흔적이며 내 존재의 확인이 아닌가 생각됩니다. 남은 여생도 하나님이 지으신 아름다운 자연과 벗하며 때 묻지 않은 감성과 내면의 깊이로 자연을 시로 쓰며 노래하겠습니다. 내밀한 언어들과 깊은 사념들을 잘 가꾸고 잘 키워 아름다운 문학의 뜨락을 꽃 피우겠습니다. 이제 해질녘 붉은 노을을 보며 삶을 추스르는 의지로 좁은 오솔길 조심스럽게 걸어가는 여인의 남은 자존심 세상을 향하여 아직은 나 죽지않았다고 내 향기 날리며 과거와 현재와 미래를 한꺼번에 글로 사는 나는 다시 태어나도 문인이고 싶습니다. 시인이고 싶습니다. 유토피아의 풀숲에서 문학의 길 찾는 저 홀로 외로운 꿈새에게 노을빛 꿈하늘을 날을 수 있도록 시심의 꿈날개를 달아주시고 정성을 다해 책을 꾸며주신 박진환 교수님께 진심으로 감사를 드립니다. 그리고 끊임없는 관심과 사랑으로 우리 가정을 위해서 기도해 주시고 나에게 힘과 용기를 주셨던 모든 분께 눈물겹도록 감사하다는 말씀을 전합니다. 어려운 삶으로 암 투병으로 힘들어 하시는 분들이 부디 희망을 키워 가시기를 원하며 그분들께 그리고 사랑하는 내 형제 내 가족 앞에 이 시집을 바칩니다.

2013년 초가을에

山井 시우미

삶의 무늬 차례

삶의 무늬

나의 호는 산정(山井)

매일의 내 삶
깊은 산속 옹달샘에 물이 고이듯
성숙으로 충만해지는
영혼의 사랑

때로는 새들의 목마름을 축여주고
보석으로 빛날 수 있기를 소망하며
날마다 마를줄 모르는
맑고 깊은 샘물로 퍼 올리는
사랑 연습

낯선 사람들에게도
낯익은 이웃에게도
깨끗하고 시원한 샘물로 축여주는
사랑을 베푸는 옹달샘
산정(山井)

삶의 무늬

지금
황혼이 짙어지는 길목에서
지난 삶을 돌아보는
노을빛 꿈새

비바람 따라 흔들리며
피는 꽃 지는 꽃에
웃고 울던 생존의 흔적

셀 수 없는 많은 얻음과 잃음
희로애락의 밀의(密意)로
어둠과 밝음이 선연한
삶의 무늬

벌거벗고 멍들고 쓰린
제 몸을 다듬으면서도
웃음을 잃지 않고
푸른 하늘로 날아오르는
목숨의 빛깔

이제
삶과 죽음의 경계에서
삶의 무늬

일곱빛깔 고운 무지개처럼
아름답게 마무리하기 위해
서둘러
자연으로 돌아가
별꽃나무에 둥지를 튼 꿈새

마음 깊이에 숨긴
시혼의 숨결을 연주하며
해와 달과 별을 노래하는
빛날개 펴라

황혼녘의 시심(詩心)

비바람 눈서리 속에도
그 색깔 변함없이
더욱 푸른 한그루의 동백나무
오히려 추운 겨울 잘 견디며
개운하고 깨끗한 넋
본래 죽지 않았으니
먹구름 사라져간 맑고 푸른 하늘에
꽃구름 타고 흐르는
때묻지 않은 깨끗한 시혼
아름다운 세상을 꿈꾸는 초록의 숨결로
새 우주를 잉태하는 영혼의 숲에서
시심의 빛뿌리 내리는 황혼녘 동백나무
초록의 향기 풍기는 삶의 마무리를 위하여
맑은 영혼의 수액을 길어 올리는 뿌리를 내리고
꽃과 열매를 맺는
진솔한 생존의 세월나무로 우뚝 서
우주의 숨결 트는 시와의 열애
멈추지 않는 삶은
봄나무의 푸르른 희망과
여름나무의 진초록 빛 꿈이
무성한 숲길에서
가을나뭇잎 지는 쓸쓸한 노래와
겨울나무의 끈질긴 생명력을 엮어가는

생명의 찬가로
꿈길로만 향하는
온아우미한 동백나무의 황혼녘 시심
낙엽 흩어지는 소리와
초록의 향기 풍기는 영혼의 숲에서
하늘과 땅의 영광을 노래하는
시향의 날개 펴
온누리에
자연의 순리를 일깨우고 있어라

묵상

은혜로운
생명의 말씀이 흐르는
깊고 깊은 심연으로 들어가는
성스럽고 조용한 묵상

이 세상의 모든 허영과
어리석은 영화를 갈망하였던
천신만고(千辛萬苦) 인생
순풍이 불어오기만 기다리는데

노을빛 꿈하늘에서
영혼을 일깨우는 주님의 거룩한 음성
처음에는 부드러운 꾸짖음이었으나
언제나 축복의 말씀으로 끝났네

엄숙한 밤의 목소리는
어둠 속으로
밤의 고요함 속으로 천천히
오고 간 흔적도 없이
빛과 생명의 나라로 인도하도다

나의 헛된 공상도
어느덧

천상의 신비로운 생각으로 명쾌하여지고
들끓던 나의 가슴
어느덧
어둠과 밝음이 교차되어 흘러가는
신선한 강물이 되어 고백하도다

갈망하였던 이 세상의 부귀영화와
공허한 추구도
허영도 자랑도
다 물거품과 같은 것

이제 보이지 않네
이제부터가 더 좋은 삶
보라
흘러가며 흘러가며
꿈의 푸른 초원을 적셔주는 것을……

* 천신만고(千辛萬苦) : 온갖 어려운 고비를 다 겪으며 심하게 고생함을 이르는 말.

내가 사는 까닭은

해 뜨고 해 지는 골짜기에서
하늘바람 얼굴 씻고
저녁구름 교차되는 빈 공간에
얻음과 잃음의 그림자

돌담을 더듬어
눈물짓다 쳐다보는
하늘은 부끄럽게 푸른데

봄 햇살 따라
불현 듯 날개를 펴는 새처럼
내안에 타오르는
촛불 같은 기도의 소망은

담 저쪽
나 홀로 떨어진 곳에
다시 피는 야생화로
내가 남아 있는 까닭이고

내가 사는 것은
다만 잃은 것을 찾는 까닭이요

쉬이 밝은 새날이 오는 까닭이고
아직 이 세상에서
내가 할 일을 다하지 않은 까닭이며
여호와께서 내 간구하는 소리를
들으시는 까닭입니다

시인은 그렇게 오더이다

시인은
백합꽃 향기처럼
돌담에 속삭이는 봄햇살처럼
환상의 섬에 둥지를 트는 새처럼
시인은 그렇게 오더이다

시와의 열애는
동심의 꽃동산에서 네잎클로버 찾는
그리움으로 시작되었고
젊은 날
행복꽃밭 가꾸는 삶의 열정으로
서정을 뒤터에 묻어 시향의 날개 펴는
고귀한 삶의 염원 이루지 못했지만
오랜 세월 승리의 초록색 삶은
행복한 마음을 가득 채워주더이다

숲은 푸르고
바람 또한 부드럽고 잔잔할 때
초록의 향기 풍기는 꿈동산에 희망의 꿈 날개 펴
비상하던 꿈새 한 마리
저물녘에
허기진 욕망의 배를 채우려는 불행의 거미줄에 걸려
노을빛 인생 고통의 숲으로 들어가게 되더이다

숲은 아픈 신음을 토하는데
하늘에도 땅 위에도 빛은 없고
차가운 별빛만이 보이는 밤마다
편안한 날 없었으나
모든 슬픔과 고난을 참고 이겨내며
하나님께 나의 잘못을 먼저 회개하니
칼바람이 헐벗은 나뭇가지 흔들어대는 겨울추위에
불의와 다툼으로 혼탁한 이 세상을 하얗게 뒤덮은 함박눈처럼
마침내 모두의 잘못을 용서하는 하얀 마음이 되더이다

산정에 물 고이듯
눈물로 성숙하는 내 영혼
그러나 변화의 아픔들을 견딜 수가 없어
밤을 거듭 또 지새우며 활활 태워 버린 가슴을
표현할 가장 적절한 구절을
골똘히 생각하며 자꾸 자꾸 적어
줄맞추어 모심기한듯한 파릇파릇한 시가 되었고
마침내 겸허한 한 시인이 탄생하였더이다
나의 보잘 것 없는 시는
그래도 한 친구의 가슴 속에
처음부터 끝까지 고스란히 남아있는
슬픈 노래가 되었더이다

이제 검은 구름 걷히고
강물은 숲의 그늘에 물들어 아직도 검게 흐르지만
장엄한 참회의 시천(詩泉)에서 목욕하고
하나님을 믿음으로 행복한
별꽃 향기 가득한 시심은
자연으로 돌아가는 영혼의 꿈날개 펴
하늘과 땅과 강을 넘나들며
비가 그치고 나면 무지개 다리를 밟고
천국에 올라가 하나님으로부터 영감을 받아
시인은 그렇게 사랑의 시를 쓰더이다

어둠이 짙은 허공에
별처럼 반짝이는 빛의 노래는
지상에서 인간의 심금을 울려주며
교훈을 주는 시
용기를 북돋는 시
아름다운 시
소박한 가슴 속에서 샘솟아 오르는
그런 시의 노래가 되어 근심으로 뛰는 맥박을
잠재워 주더이다

기도 뒤에 따라오는
하나님의 축복과도 같은 시는

삶과 꿈과 사랑의 소리 없는 메아리로
사랑과 그리움이 된 시
이별과 눈물이 된 시
꽃과 별이 된 시
고향과 엄마가 된 시
시인에게 시의 노래는 이런 것이더이다

봄볕이 따사로운 날엔
새소리 싱그러운 바람소리 더불어
풀잎과 나무의 밀회에 초대받아
구름꽃 피는 언덕에서
꾀꼬리의 결고운 음률처럼
한줄 한줄 시를 적게 되더이다

또한 시인은 그 외
아직 아무것도 말하지 않은 수많은 것을 볼 수 있더이다
더 멀리 많은 것을 볼 수 있더이다
하늘 계단을 오르내리는 우주비행을 하며
무지갯빛 꿈길에서
사람들이 듣도 보지도 못한 장엄한 우주를 보더이다
영구히 회전하며 영원한 세월
쉬지 않고 흘러가는 시간의 강
바람이 사철을 굴리며 또 하루가 끌려가며

눈물 가득한 곳의 비의(秘意)

하나님으로부터 독특한 재능을 받은
뛰어난 예견력을 가진 시인은
쉬지 않고 변하는 신기하고도 알 수 없는 변화 속에서
인간의 생과 사와 팔경의 자연 산수를 묘사하며
천국에서 지상을 지상에서 천국을 보며
시인에게
시의 시원은 사랑이더이다

세월이 깊을수록 날마다 사랑함은
날마다 죽는 일임에
삶의 달갑고 절실함도 더해
황혼녘 골수에서 나오는
영혼의 샘물을 떠 올리며 꿈밭 가꾸는 빛의 숨결

오늘 밤도 시심은
깨끗한 달빛을 느끼며
영원한 꽃을 피우는 사랑을 노래하며
시와 열애하니 시인을 괴롭히던 근심 걱정은
조용히 멀리 멀리 떠나가더이다

* 비의(秘意) : 숨긴 뜻.

사계(四季)의 꿈새 • 1

태양이 지남에 따라
사계의 숨결 트는
바람의 날갯짓으로
봄 여름 가을 겨울
쉬임 없이 흘러가네

그 겨울이 지나
살랑 살랑 꽃샘바람
새봄 숨결 트니
나무 총총히 들어선 골짜기 마다
연둣빛 새순 솟아오르고
산에는 연분홍 진달래
들에는 노란 개나리 웃는 얼굴 내밀며
찬란한 봄 숨결 트는
봄바람은 꽃이 되네

싱그러운 숲속의 향기로운 꽃길에
한차례 봄비 내리자
수놓은 산능선 그림처럼 아름다워
꿈새는
때때로 꽃놀이 여행길에 마음 부치는데
연초록 잎새가 여름을 안고 오며
햇볕과 바람을 먹고 푸른 기운 짙어

수풀 무성한 산기슭에
진초록빛 숨결을 연주하며
꽃들과 새들과 여름을 합창하네

동트기 전 맑은 밤에
소리 없이 내린 이슬을 머금고
가시밭에 피어나는
순결하고 우아한 백합꽃처럼
하나님이 내리시는 이슬의 은혜를 받아
푸른 나무들
찬란한 아침햇살에 반짝이며
레바논의 백합목처럼
뿌리를 깊이 내리고
그 가지가 사방에 퍼지네

태양은 붉게 타오르며
땡볕아래 들판 하늘 말끔하니
솔솔 바람 살그머니 이미 돌아와
선들 선들 앞강 물결치고
산에 산에 무한한 단풍나무는
곳곳마다 울긋불긋 물들어
화려하고도 정감에 그득한
가을이 열리네

얼기설기 뻗어간 나무 위에는
익어가는 열매와 함께
꿈새의 흐르는 추억 매달려 있어
가을 햇살 속에 그리움 익어
두둥실 떠도는 구름 속에 묻히고
외로움은 잠시 잠시 앉았다 가네

세월 덧없이 흘러
가을날
스산하게 나뭇잎 지는 바람에 갈대꽃 쓸쓸하고
노란 은행잎이 우수수 흩날리어
감상에 울며 꿈새 마음속은 벌써 춥네

앙상한 가로수 그림자 사이로
바람소리 풀뿌리의
숨결을 헤아리노라면
대지에 입 맞추는 추운 햇살 속에
정 많은 하얀 눈 숨죽이고
사뿐 사뿐 한없이 내려
길도 밭도 타락에 젖은 도시도 구분할 수 없이
순백의 눈꽃으로 감추어져
꿈새의 한가한 마음
산뜻하게 눈 속에 피네

사계(四季)의 꿈새 · 2

어느덧 섣달 날씨는
사방 평야에 눈보라 치는데
추운 겨울 저물녘 물가 늙은 동백나무
적막 속에 쓸쓸해 슬프네

젊음과 봄은 언제나 기쁨이나
늙어 버린 것은 슬픔이라
학창시절의 불사조 모임 안으로 돌아가는
인터넷 오솔길에서
꿈새는 하하하 웃기도 하며
노을빛 꿈길에서 샛별의 향기로 피어나는
시심으로 글을 쓰며 하루가 끌려가고
사계의 숨결 트는 바람으로
한해는 자연을 굴리며 또 가며
시작도 끝도 없는
윤회의 거대한 바퀴
부지런히 쉬지 않고 흘러가
또 올해가 지나네

어느새
황혼이 깃들 무렵
자연의 순리를 일깨우는 사계의 길목에서
사계의 꿈새는 꽃향기 바람소리 더불어

온 우주의 자연과 밀회로 지상에 내린
하늘의 축복을 노래하는
노을빛 세월무늬 아름다웠으면 하여라

노을빛 인생

영혼으로 이어지는
하늘 계단 문턱에서
지난 삶을 뒤돌아보는
노을빛 인생

더 높이 더 많이
바보 연습 반복하며
얻음과 잃음의
끊임없는 투쟁과 노력중

헉헉거리며
깎이고 찢긴 알몸으로
상처투성이 인생길
얼마쯤 와 있는지

어느덧
피 흘린 자국이 지워지고
연륜으로 퇴색한 존재의 몸짓
허욕과 삶의 잔해를 씻어내니

긴 세월
구름 낀 가슴속에 묻어두었던
생명의 불꽃 향기 가득한 시심은

자연으로 돌아가는
고요한 영혼의 꿈 날개 펴
빛과 바람과 새의 밀회 속에서
사계의 숲을 자유자재하며
삶과 꿈과 사랑의 소리 없는 메아리로
지친 영혼에게 용기를 주는

어둠이 짙은 허공에
별처럼 반짝이는 빛의 노래를
기도 뒤에 따라오는
하나님의 축복과도 같은
그런 시를 노래하는
시간 여행을 하며

죽음에서 삶을
지상에서 천국을 보는
노을빛 인생
가슴 속에서 샘솟아 오르는
눈물같은 시로
행복의 꽃밭을 가꾸는 여생은
하늘이 주신 선물이라

삶의 축제

초록빛 꿈 날개 펴던 시절
푸른 동산에서
밝아오는 드넓은 하늘을 바라볼 때
어쩌다 작은 풀꽃 놀라움이듯
찬란한 햇빛처럼
사랑은 그렇게 오더이다

그 불길같이 뜨겁고 기찬 사랑
별빛 희망으로 숭고하고 소중한 인연
하늘이 주신 운명의 사슬에 묶이어
삶의 고달픈 행진에 지친
한 생애의 황혼녘에 이르러
사랑과 아픔과 미움 사무치더이다

주어진 목숨껏
협곡을 헤쳐 나가는 인생의 여로
반려 원망하며 백발 함께 하니
반려의 갖가지 유머로
천만가지 시름을 잊기도 하며
하루해가 저물어 가도록 까르르르

칼바람 세상 속에서도
꺾이지 않는 의지의 별

오 힘의 별이여

나날의 곤고 속에서도
별빛에 심장을 맡긴 노시인은
그대의 위로와 격려로
가늘게 조금씩 신음하며
멍들고 아픈 시간을 감는다오

자주 냉장고를 정리하며
오래된 음식을 버릴 때마다
오래된 나를 버리지 않아서
고마워 여보 하하하하
반려의 기발한 유머로
일상의 순간포착에 머물다 가는
모든 웃음은 희망의 씨앗이 되더이다

배꼽 쥐고 함께 웃는
진솔한 사랑으로
노을빛 희망의 씨앗 가슴에 심어
노부부의 얼굴에 활짝 피는
생존의 꽃향기는
아름다운 가정의 행복으로
이어지는 진실한 삶의 축제이더이다

빛의 그림자

빛 존재의
모든 생의 몸짓
그 그림자는
하늘이 주신
운명의 사슬에 묶이어
언제나
그대 뒷모습을 따르는
세월의 무늬

영롱한 빛 좇아서
그림자
덩달아 하늘거리며
희로애락의 밀의(密意)로
밤이면
빛과 그림자가
하나 되는 사랑

이제
황혼 길에서
신기루 같은
무지갯빛 향기는
그림자를
마음대로 유혹하여
환상의 섬에

둥지를 틀고
꿈 날개를 펴는가
빛의 그림자
은하수 건너는
빛 파도 타고
잃어버린
낙원을 찾아서
그러나 가까이 가면
황금빛 궁전
안개 걷히듯 사라져 버리네

1943년 12월 20일
내가 태어난 날의 함박눈처럼
자취도 없이 사라져 갈
내 한 생애의 우주여행 길에서
예나 이제나
한결같이 무언가를
자꾸 하고 싶은
그림자는
빛이 있어
꿈날개 반짝이며
어찌하거나
여왕보다 더 행복하여라

나의 반려(伴侶)는

나의 반려는
반평생 푸른 제복을 입었던
역전(歷戰)의 노장(老將)이어라
호국 간성의 요람인 육군사관학교 출신(#21기)으로
지(智),인(仁),용(勇)의 신념을 겸비하고
올바른 국가관과 투철한 조국애를 지닌 지휘관으로
이 생명 조국을 위해 바치겠다는 숭고한 사명
맡은바 임무에 최선을 다하였어라

푸른 제복을 입은 자랑스런 군인으로서
그가 소유하고 있는 자질은
언제나 용맹스럽고 완전무결 하였으며
항상 밤낮으로 전쟁터에 있다는 정신으로
산과 들과 해안에서 험한 계곡 가시덤불 헤치며
며칠 밤을 지새워야 하는 강한 훈련으로 너무나 힘들어도
주어진 하루 하루
오늘도 충실하게 오늘도 무사함을
늘 하나님께 감사드리며
그 험난한 군 생활을 잘 헤쳐 왔어라

군인의 길은 찬란한 명예의 길이거나
물질적인 풍요를 얻는 길이 아니며
더욱이 그 길은 항상 초긴장 상태에 임해야 하며

정신적 육체적 고통이 언제나 뒤따르고
유사시에는 목숨을 바쳐 나라를 지켜야 하는
그토록 숭고하고 어려운 사명이었는데도
나의 반려는
본인이 택한 군인의 길을 천직으로 여기고
불철주야 24시간 긴장해야 하는 그 삶을
추호도 후회하는 일이 없이
어느 위치에 있든지 항상 상관의 뜻을 따르며
부하를 사랑하며 상대의 입장을 배려해 주는
고결한 인품의 덕장이었어라

맡은바 국토방위 사명감에 남다른 긍지를 느끼며
자신의 안일보다 애국애족이 먼저였던
나의 반려는
소대장시절 강원도 양구에서 무장간첩과 교전중
격렬한 근접전투에서 구사일생으로 살아날 수 있었고
그후 소대장으로 중대장으로 두 차례 월남전선에 파병되어
포성이 천지를 뒤흔들고 총탄이 빗발치는 전쟁터에서
치열한 전투시 생사의 기로에 놓여 있던 순간 순간
하나님께서 지켜 주시사 무사할 수 있었던
믿음의 지휘관 이었어라

장군이 된 후엔

국가와 민족의 수호자라는 자부심으로
국토방위의 사명에 심혈을 기울이며
우리집 가훈대로
명예에 집착하지 않고 권력에 아부하지 않으며
물질에 비굴하지 않아야 된다는
오직 우국충정(憂國衷情)의 신조로
맡은바 ㅇㅇ사령관으로 재직시
김영삼 정부가 들어서기 직전
군의 암적인 사조직에 의한 음모와 횡포로
예고 없이 너무도 갑자기
명예전역이라는 허울 좋은 명분을 내세워
육군 소장으로 억울하게 군복을 벗게 하는
정치적인 희생양이 되었어라

기구한 인생길의 수순이었는지
불행은 겹쳐 온다더니
갑자기 사회초년생이 된 나의 반려는
예편 하자마자 가족을 속이고 엄청난 빚보증의 함정에 빠져
반평생 지켜 온 재산, 명예, 신의 모든 것 다 잃게 되고
우리 가족에게 날벼락 같은 불행이 덮쳐와
가시고기의 부성애는 허공에 메아리치고
늘그막 파도물결 천층으로 일어나니
그 순진함과 어리석음에 의한 실패에

지난날 명성 난처하였어라

욕망의 배를 채우려는 개들이
자리 잡고 짖어대며 설치는
광란의 어지러운 옛 마을을 떠나와
어떤 난관에도 불굴의 투쟁으로 도전하는 것은
하나님 자녀로서 믿음의 명예회복을 위함이고
또한 노심초사 가슴 아파하며 기도하는
가시고기 부성애의 깊고도 깊은 사랑으로
의중에 품은 뜻 이루기 위함이며
황혼 길에서 자유자재하며
아름다운 삶의 마무리를 위함이어라
그 어두운 고통의 색깔 속에서 새로운 빛과 힘이 솟아나느니
나의 반려
끝까지 좌절하지 않고 열정적으로 노력 하는 일들
아무쪼록 열매 맺기를 기도하며
뼈에 저리도록 생활이 슬퍼도
폭풍은 참나무의 뿌리를 더욱 깊이 들어가도록 한다는
전화위복의 신념으로
희망의 별빛과 함께 하는 세월의 언덕에서
아름다운 세상을 꿈꾸는 초록의 숨결
영원한 승리의 빛으로 피어나라

반려자의 유머

한 생애의 황혼녘에 이르러
반려자의 보증사건에
유방암이라는 고난까지 겹쳐
예기치 못했던
고통의 수련원에서
신음하니
충격을 받은 반려자는
내 앞에서는
유방암은 아무것도 아니라는 듯
애써 담담한 척 하며
행여 암이 전이될까
애태우는 속마음
웃음이 항암치료라는
사려 깊은 배려로
자주 나를 너무 웃게 만드는
재치 있는 유머는
순진무구한 사랑의 향기이어라

두려움과 불안의 강기슭에서
방사선 치료와 항암치료로
머리가 다 빠져 까까머리가 된
내 뒤통수를 따라다니며
내 반려자 왈

"머리가 비상한 사람의 머리통은
어떻게 생겼는지 늘 궁금했는데
쭈꾸미 머리처럼
너무나 예쁘게 생겼구나" 하하하하
"나는 한쪽 유방이 없는 여자와 사는 것이
평생소원이었는데 내 소원 들어주어서
여보 고마워" … 하하하하 등등 …
자지러지게 함께 웃고 함께 깔깔대는
포복절도(抱腹絶倒)로
진인사대천명(盡人事待天命)의 시간을 감는다

혈관이 안 나와
항암치료 기간 동안
말초중심정맥관을 심어
항암주사를 맞아야 하는
괴로움과 낭패감으로
"왜 나는 이런 고생까지 해야 하느냐" 고
한탄할 때마다
이 늙은 나이에도
예쁘다고 하면 너무 좋아하는
나를 잘 알아
"당신이 너무 예뻐서 그런 거야"

늘 그렇게 말도 안 되는 소리로
나를 웃기는 반려자와 나
사랑의 유머로 이어지는
일상의 남흔여열(男炘女悅)은
백년해로(百年偕老)로
떠올려지는 화두이어라
캄캄한 밤이라도
하늘아래선
마주 잡을 손 하나 있거니
나날의 아픔 속에
눈 마주쳐 마음 비쳐주는
반려자의
눈물에 젖은 눈빛과
무언의 메아리는
힘들어도 희망을 버리지 말고
투병하라는 사랑의 언어이며
대신 아파주지 못해서
미안하다는 연민의 눈빛
하늘이 맺어준 인연의 끈
맞잡은 손에 뜨거운 삶이 흐른다

바람이 불고 벼락 치는
모진 날을 견디며

애써 의연한척 하는 반려자는
내가 잠든 밤마다
나 모르게
어두운 골방에서
못 견디게 서러운 울음을 터뜨리며
하나님께
시우미 권사 살려주시기를
간절히 기도하는
감빛 노을 사랑
몰래 훔쳐
보석처럼 내 가슴에 묻어둔다

어찌하여 세월 붙들고
검은 땅 이다지 눈물일 뿐이랴
미움도 원망도
해로동혈(偕老同穴)의 진실한 사랑으로
찬연한 기적을 기다려 보는
지성감천(至誠感天)의 숨결
한 갈래로 맑다

슬퍼하지 않으며
앞날을 살기 위하여
고통을 참고 이겨낸 후

다시 힘을 얻는다는 것이
얼마나 거룩한 일이냐고
그 어두운 고통의 색깔 속에서
새로운 빛과 힘이 솟아나느니
푸른 웃음 푸른 아픔을
가슴에 담고 있는
나 '겨울나무'는
힘차게 줄기를 뻗으며
봄바람에 기지개를 편다

황혼녘
일상의 계단에
오르내리는 덤으로 사는
여생은
내 반려자의 간절한 기도로
하늘이 주신 선물이니
남은 세월
진솔한 생존의 꽃향기를 풍기며
나 시우미 라는 나무
오른쪽 유방이 없어도
아무렇지 않게
좋아하는 척하는
내 반려자를 믿으며

미안해 하며
꿈결처럼 황혼이 흐르는 이제
시로 인생찬가를 부르는 내 노래 속에서
영원한 사랑의 꽃을 피우리라

* 포복절도(抱腹絶倒) : 배를 안고 넘어질 정도로 몹시 웃음.
* 진인사대천명(盡人事待天命) : 사람이 할 수 있는 한 최선의 노력을 다하고 그 일의 성패는 하늘의 뜻에 맡긴다는 뜻.
* 남흔여열(男欣女悅) : 남편과 아내가 다 기뻐한다는 뜻.
* 해로동혈(偕老同穴) : 살아서 함께 늙고 죽어서 무덤을 같이 한다는 뜻으로 부부의 굳은 언약을 이르는 말.
* 지성감천(至誠感天) : 정성이 지극하면 하늘이 감동함.

무지갯빛 사랑

자식 잘되기 원하는
어미의 세월
해질녘
네 아픔 내게로 스며든다

이룰 수 없는 꿈일랑
아예 접어 두었으면
어미와 자식
피차 고달픈 인생 살지 않았을 텐데

안되는 게 더 많은 세상에서
자식에게 바라는 눈높이
못 오를 만큼 높여놓고
자식에게 부담 주며

안달했던 어미의 무모한 집착
허공에 붕 뜬 바램이
자식을 힘들게 한
한낮 이룰 수 없는 꿈이었나

이제 이룰 수 없는 것을
이루려 하지 말고
헛되고 헛됨을 다 이루었다고 말하지 말며

가거라 사랑인지 소망인지

어미의 무지갯빛
자식 사랑은
뼈를 깎는 몰입
세상에서 으뜸이 되는
미래를 펼치며 키워 온 아들이
꿈이었는데

자식에 대한 찬란한 소망은
허무한 황홀임을
가슴에 얹고 사는
주름진 내 얼굴은
내 아들들이 각자 주어진 삶에
성실하게 살아가고 있음을 감사하며
이제 칠십 고개 넘으며
든든한 버팀목이 되는
내 아들들을 의지하며
우리 부부 황혼녘에
감사하는 마음과 동행한다

불효

때 늦은 오후의
석양빛을 바라보며
문득 입에 감도는 말
아버지 어머니 죄송해요
불효부모 사후회(不孝父母 死後悔)

이렇듯 대개의 자식들이
부모에게 다 하지 못한 불효를
안고 살듯이
부모들은 자식들에게
다 주지 못한 정을
가슴 아파하며 살면서도

늙어지면 부모는 어쩔 수 없이
인륜의 궤도에
핏줄의 레일을 깔며
힘없이 긴 목 늘이고
자식들에게 현찰을 원한다

"저희도 힘들어요!"
자식들이 달아나며
가벼이 뿌린 말
빈 나뭇가지에 걸려

서러운 밤이 내린다

사랑의 빛으로
언 가슴 녹여 가며
시도 때도 없이 자식에게
주름진 손 내밀어야 하는 부모는
슬픈 밤을 지새운다
자식된 도리에
다음날 힘들게 보내온 핏빛 지폐
달라고 하여 받고도
미안하고 마음이 짠한 부모는
오로지 자식 잘되기를
애절하게 기도드리며
눈물 속에 잠긴 짧은 세월
부모들은
그렇게 살다가 죽었다

* 부모불효 사후회(父母不孝 死後悔) : 부모에게 효도하지 못한 자식들은 부모가 죽은 후에 뉘우친다.

이런 아들이기를

갖은 고뇌와 고난의 세상사
내 아들들이라고 피해갈 수 없어
아픔으로 내 가슴에 파고드니
진한 핏빛 사랑
사시사철 간절한 눈물의 기도뿐이었다

안 되는 것 더 많은 세상이지만
꿈밭에 경작해온 포기할 수 없는 푸른 소망이 있어
뿌리 깊은 나무를 키우는 마르지 않는 눈물의 기도로
내 아들들이 이런 아들이기를 원하며
새벽마다 하나님께 부르짖는데
천사가 얼른 와서 천국으로 보내는 기도문

주님!
우리 아들이
하나님을 사랑하고
세상의 지식보다 하나님 말씀을 묵상하며
하나님 중심적인 삶을 살아가는 아들이 되게 하시고
다니엘처럼 사자 굴에 들어간다 할지라도
하나님의 섭리를 끝까지 신뢰하며 믿음을 굽히지 아니한
용기의 아들이 되기를 원합니다
다 해주지 못하는 부모라 할지라도
부모의 소중함을 느낄 줄 아는 아들

부족한 형제라 할지라도
형제의 소중함을 느낄 줄 아는 아들
아쉬움이 많은 생활이라 할지라도
살아 있음을 감사할 줄 아는 아들이 되게 하소서
언제나 건강한 몸과 성실한 마음으로
생각과 꿈과 비전을 잘 다스릴 수 있는 아들이 되게 하시사
최고가 되는 것이 인생의 목표가 아니라
최선을 다하는 삶이 인생의 목표가 되는 아들이 되게 하소서
그리하여 자신이 하는 일이 나라와 민족과 사회에 유익을 주며
하나님께 영광 돌리는 일이 되게 하소서
고난의 연속이라 할지라도
원망 않고 감사할 수 있는 아들
그 어떤 실패에도 낙심하지 않고
당당히 일어설 수 있는 아들
어떤 안 좋은 결과에도 단념하지 않고
당당히 다시 도전할 수 있는 아들이게 하소서
불의에 타협하지 않고 말한 것에 대해서는 책임질 줄 아는 아들
강한 자에게는 비굴함을 보이지 않으며
약한 자에게는 한없는 너그러움을
보일 수 있는 아들이게 하소서
배신의 아픔 앞에서도

원망하지 않게 하시고
다른 사람의 의견도 존중할 줄 아는
겸손한 아들이 되게 하소서
용서할 수 없는 사람까지도 용서할 수 있는 아들
절망이 있는 곳에 소망을 심을 수 있는 아들이 되게 하소서
악한자의 꾀에 휘말려 들어가지 않고
아무쪼록 죄를 멀리 할 수 있는 아들이게 하시고
부지중에라도 죄를 지으면
즉시 회개할 수 있는 아들이게 하소서
열매 앞에서 교만을 보이지 않고
평안의 사명을 감당할 수 있는 아들이 되게 하시기를 원하며
날마다 기도로 새날을 열며 희망이 깨어 있는 아침

사랑하는 내 아들들의 얼굴이
밝은 태양빛을 갈망하는 잎처럼
해맑게 떠오른다

하늘 · 1

만일 네가
고난과 슬픔으로 시달리거든
그 고난과 슬픔으로부터 벗어나고 싶거든
슬픈 가슴이여
하늘을 바라보렴
어둔 밤이 지나면
밝은 태양이 떠오른다

모든 사람의 운명이 이와 같은 것
그대의 운명도 예외는 아닌 것
불행하다고 한숨짓지 마

내 인생도
한 때 춥고 어둡고 쓸쓸하였지만
불평하지 않고
하늘을 바라보며
살아있어 좋았어

지금 괴롭고 슬픈 너도
한숨짓지 말고
조용히 높은 하늘을 바라보렴

하늘 · 2

내 마음이 답답해지면
하늘을 올려다본다
화창한 봄 하늘
청명한 여름 하늘
드높은 가을 하늘
싸늘한 겨울 하늘

계절이 지나가는 하늘에
흰 구름 돛단배처럼
바다위에 희망을 저어갔고
사철 해질녘
남은 구름 조각
황금빛으로 물들 때
나는 전능자이신 하나님의
귀한 자녀라는 엄숙한 생각

드디어 어두움이 내리면
밤하늘을 올려다본다
수많은 별 중에
오 힘의 별이여……
내 별 또렷 또렷 빛나
용기가 생기고 자신이 생기도다

귀중한 희망이 떠나려거든
너도 하늘을 보는
여유를 가질 수 있기를

전화 통화

종점이 시점
다시 시점이 종점인 나날

존재의 빛
꽃이 되게 하는 새로운 향기

휘파람새의
결 고운 음률처럼
빛나는 속삭임 던져주며
새로운 삶의 향기 나누는
너와 나 사이의 고귀한 인연

보이지 않는 곳에
아직도 너를 가지고 있어
무성한 사랑의 숨결 트는 메아리는
전파를 타고 스스럼없이 하하하

이렇게 정다운 너하나 나하나
창틀에 속삭이는 햇발같이
풀 아래 차오르는 샘물 같이
헝클어진 가슴을 파고들어
생명의 울림을 새롭게 하네

오늘은
송이송이 찔레꽃으로 피워놓고
내일은
미움도 섭섭함도
아름다운 사랑으로
능금처럼
마음이 익어가는 숨결

너의 음성은
영혼의 샘줄기 타고
희망의 속삭임으로
노을빛 가슴을 설레게 하네

날마다
이 생명 살며
전파타고 한 갈래로 맑게
너그러워져서
진실과 함께
기뻐하는 사랑으로
가슴과 입과 귀를 열어라

캐모마일 허브 티

한 때 태양을 품었던 열망의 꽃잎들
꽃잔의 따스한 물 속에서 제몸을 풀었다
가지째 나무째 항목이 되어
화려하지 않은 삶들이 고여든 이파리들이
적당한 향기로 박제되어
찻잔 속에 몸을 담그고 있다
그윽한 향기로 이끄는 오후
알맞은 온도의 그리움
한잔의 캐모마일 허브차로
하루치의 피곤을 풀어 본다
아름다운 제주의 자연에서
재배된 유기농 허브차 좋아해
수작업을 통해 정성스럽게 박제된
너의 아픔을 들여다본다
스트레스 피로회복에
탁월한 효과를 자랑하며
꽃잎들이 제몸 풀어
식도를 뜨겁게 하며
나른한 오후의 피로를 풀어 준다
자연에서 온 천상의 향기
코끝을 맴돌며 추억 하나 불러 온다
한편의 시 같은 향기
라벤더, 페퍼민트, 로즈마리,

레몬그라스, 레몬버베나, 캐모마일 중
기분 따라 골라 마시며
허브 향기 그윽한 찻집에서
베토벤, 브람스의 멜로디로
삶의 무게를 덜어 내던 그때는
전율이었고
낭만이었고
이 몸의 휴식이었다
이젠 고독에 잠기어
나는 한잔의 허브티에
슬픈 인생을 타 마신다
지금 사색에 잠긴 거실은
허브 향기 은은하고
거실 창밖에는
눈이 내린다

신기루

오 아름다운 찬양의 환영이여
어느 날
노을빛 하늘에
반짝이는 신기루
나의 지친 영혼을
마음대로 유혹하여
황홀한 천국으로 들어가는구나

키가 작지만
눈이 맑은 얼굴의
천진한 어린 시절의 소녀로
다시 되돌아가
저녁하늘에 별이 솟듯이
은하수 길 트는 바람을 타고
하늘에 올라갔네

소녀는
하나님이 주인이신
마법의 궁전에서
요술공주로
멋지게 부활하여
원없이 호강을 하며
우주의 푸른 호수를

내려다 본다네

가난으로 누렇게 헐벗은
사람들도 보이고
갖가지 죄악으로 물든
어두운 세상도 보이고
인생이란 드넓은 전쟁터에서
끊임없는 투쟁으로
서로 으르렁거리는
혼동의 도시도 보인다네

제각기 주어진
슬픔의 짐을 등에 지고
끊이지 않고 오고가는
많은 사람들을 내려다보며
선물도 많이 많이 나누어 주고
어떠한 어려움도 해결해 주는
기부천사 위로천사 다 하려고
소녀는
사랑의 집나와라 뚝딱
선물의 집나와라 뚝딱
금나와라 뚝딱
요술방망이 신나게 두드리네

그러나 어쩐 일인가
이 황금빛 금덩어리를
나누어주려는 순간
모두 없어져 버리네
안개 걷히듯
모두 사라져 버린다네

황혼녘
꿈빛 영롱한 사랑의 소망은
영원한 신기루의 헛된 상상인가
멍하니 눈을 깜박이는
노 시인의
꿈같은 염원의 환영은
흘러가는 구름처럼 사라졌으니
세상은 모두가 신기루일 뿐이네

이제
환상의 신기루는 없어져버려
유리처럼 맑은 노시인의 영혼은
살아있는 진지한 현실의 삶에서
진실한 천국이 시작된다는
엄숙한 주님의 음성을 들으며
검은 구름 속에서도
빛날개를 펴네

지하철 안에서

늦은 밤
지하철 안 옆자리에서 졸고 있는 나를
툭툭 치며
갑자기 엄지손가락을 치켜세우는 것이
나를 최고라고 하는 것 같았다

눈을 번쩍 뜨고 좋아하며
내가 최고 예쁘다고?
물었겠다
아니 한 정거장 더 가면 내려야 된다고
내 웬수는 말했다

어쩌면 자신의 인생도
한 정거장 쯤 남아 있을 나이 든 여인은
제일 예쁘다는 줄 착각하고
눈을 번쩍 뜬 것이 무안하여
깜깜한 차창 밖으로
시선을 돌렸다

소망의 인내

인생은 짧고 곧 지나가며
수의에는 주머니도 없는데
어느 날 부터인가
부귀영화 거머쥐기 위한 바보 연습중
기대와 허무 추락하는 자아
나의 욕망에 대하여
나의 이기에 대하여
부질없음의 반성과 어리석은 집착의 부끄러움으로
날마다 십자가를 바라보며 울부짖는 세월
어느새 황혼은 슬픈데
내 인생의 나무는 이미 흔들려
나는 너무 고통스러운 시간을 견디었고
소망의 인내로 바람 불고 벼락 치는 모진 날을 이기고
흔들리면서 줄기를 곧게 세웠나니
충분히 흔들리며 내 인생에 남은 고지로 가자
두 팔로 막아도 바람은 불어
바람과 비에 젖으며 푸르렀나니
젖지 않고 가는 삶이 어디 있으랴
뼈에 저리도록 생활이 슬퍼도 어쩔 수 없지
먹구름 뒤에는 밝은 태양이 비치는 것
내 삶도 예외는 아닌 것
모든 사람의 삶의 길에도 어두운 터널이 있는 것
눈 오는 날에는 눈발에 섞여

바람 부는 날에는 바람결에 실려 하나님 뜻을 바라는 것은
하늘 아래 사는 나의 일과이거니
겨울바람이 살을 에일 때
내 인생 춥고 어둡고 고통스러웠지만
그 어두운 고통의 색깔 속에서 새로운 빛과 힘이 솟아나느니
어두움을 밀어내는 내 강건한 저항
불길 같은 힘의 비의(秘意)
누구의 정신을 본받은 믿음일까
고난 중에도 여호와 이름을 찬송한 욥의 믿음을 기억하며
나에게 닥친 고난의 연단도
오직 주님의 예비하신 손길임을 감사하네
동방의 가장 큰 사람 욥은 하루아침에 모든 것을 잃고
고통과 고난 중에도 변치 않는 믿음으로
하나님을 원망하지 않았고
입술로 범죄치 않았으며
하나님의 절대주권을 믿으며
온갖 고난의 강을 무사히 건넌 욥은
다시 몇 배로 하나님 축복을 받았으며
고난을 축복의 기회로 바꾸시는
하나님의 절대사랑을 깨달았어라
욥의 고난에 비하면
내 고난은 작은 것이지만
이렇듯 내게 주신 고난도 내게 유익임을 깨닫고

삶의 굽이 굽이에서 예고 없이 일어나는 성난 파도에도
주어진 것들에 겸손히 무릎 꿇고 감사하리라
고난 중에 실로 계산할 수 없는 더 많은 은혜를 얻었다 하여
고난을 자원하여 받을 이유는 없으나
하나님께서 내게 주신 고난이라면 감사함으로 감당할 일이네
비참과 비탄 속에서 고통 받는 사람들이여
우리의 행동도 생각도
삶의 쇠망치를 맞고 다듬어져야 되는 것
삶은 언제나 은총의 돌층계의 어디쯤이려니
가혹한 시련을 받으며 참고 견디는 인간이여
절망으로 몰아넣는 근심걱정을 눌러 이길
힘을 달라고 쉬지 말고 기도하세
만일 그대가 용기를 얻으며
그대 영혼에 소망의 기쁨을 얻고 싶거든 교회로 가게
그곳엔 절망이 없다네
고통과 고난도
전능하신 하나님 사랑을 믿는 소망의 인내로
온 세상 쉬는 숨결 한갈래로 힘을 얻고 밝고 맑다네

백합꽃 · 1

희게 피어서 순결한 꽃이여
그윽한 향기 영원하구나

언제나 고요히 머리 숙이고
피어 있는 백합 꽃님은
무척 겸손한 족속이었나 보다

변치 않는 제 향기에
잃었던 전설을 생각해 내고는
외형 보다는 내면의 향기가
진정한 아름다움이라는
뿌듯한 자긍심에

가시밭에서도
스스로 머리 숙이고
자신을 한없이 낮추어
겸손의 향기 피어 올린다

백합꽃 • 2

가시밭에서
속으로 하얀 피 흘리며
끝까지 잘 견뎌내어
한 송이 흰 백합꽃으로 피고

피고 나서 더러는 잊었지만
결코 잊고 싶지 않던
가장 하얗고 푸르고 아름다운 꿈들

필 때도 아프고
질 때도 아프고
울다가도 웃는 삶을

세상에 다 드러내 놓고
말하지 못한
내 마음 속에 언어들

고통과 고난의 삶은
늘 나를 겸손하게 키워
나에게 유익이 되었다고
살아서도 죽어서도 말하고 싶어

가슴속에서
샘솟아 오르는 그런 시를 쓰는
멈추지 않는 삶으로
앉아서도 멀리 가는
그윽한 향기를 풍기네

새날이 열리며

아픈 밤이 지나고
향기로운 숲속에서
예쁘게 새소리 흘러나오며
새날이 열립니다

새날을 찾던 나는
다시 보는 찬란한 태양빛
상쾌한 공기에
마음이 밝아집니다

부드러운 바람이 건네주는
푸른 나무들의 희망의 노래 듣고
새날을 주신 감사함에
기쁨이 넘칩니다

살아 있음의 축복이여!
고운 꽃들의 아침 인사에 황홀해 하며
가슴 가득히
아름다운 사랑의 향기를 담아 둡니다

삶의 고달픈 행진에 지쳐있는 이들에게
이 사랑을 나누어 행복할 수 있도록
사랑할 일만 떠올리자는 마음다짐에

두 손 모읍니다

날마다 새날에 미소를 잃지 않고
서있는 곳에서 사랑의 향기 풍기며
사랑의 빛깔로 흠뻑 물들은 고운 꽃으로
온유하게 피어 있고 싶습니다

초봄

찢기고 일그러진
나목의 가지 끝에
잎은 겨울에도 숨어서
푸른 희망을 키우고 있었다

아직은 빈 손으로
겨울을 이고 있는
추운 몸으로
아아 이제는 봄이 온다고
살아야겠다고
나뭇가지들이 기지개를 켠다

기다리며 참고 견디는 파릇한 아픔 속에
땅 속 깊이에서
따뜻한 흙과 만난 끈질긴 목숨의 뿌리는
힘껏 수액을 밀어 올려
새로운 봄잎을 피운다

타고난 자리를 지키며
오로지 하늘만 바라고
뻗어질 수 있는 나목에 움트는 푸른 잎은
따사로운 봄바람에
희망의 노래를 부른다

환희의 봄을 여는 초봄에는
창밖의 초안산 언덕에
크고 작은 푸른 생명들이
부끄럽게 가슴을 설레이며
연둣빛 얼굴을 내민다

지난 모진 겨울날의
황폐했던 언덕 위에
오직 하나님의 꽃밭이 이루어지도록
잃은 푸르름을 먼저 찾는 까닭이다

봄철이 돌아왔네

지금 내 앞에 보이는
연초록빛 나뭇잎에서
나는 봄철이 돌아왔음을 압니다

숲은 빛나고 새순이 돋아나는
초안산 언덕에 서 있는걸요

지금 내가 앉아 있는
연초록빛 언덕 위에서
나는 봄철이 돌아왔음을 압니다

클로버 냄새가 밴
부드러운 바람을 마음껏 들어마시어
생명의 기운이 가득차 오르는걸요

지금 내가 거닐고 있는
연초록빛 오솔길에서
나는 봄철이 돌아왔음을 압니다

어느새 초록 물이 든 가슴에
푸른 희망이 가득차 오르는걸요

지금 내가 올라와 있는
연초록빛 초안산 위에서
나는 봄철이 돌아왔음을 압니다

내가 먼저 꽃이 되는 봄이 되어
아름다운 사랑의 꽃을 피어 가는걸요

봄 · 1

추위 있은 뒤
계절은
봄 오고 또 오나
세월은
오랜만에 따스한 봄날이네
황혼은 가깝고
또 봄바람 살그머니 이미 돌아와
사람 드문 산속
꽃만 절로 만발했다
푸른 안개 흰구름 나무 끝에 일고
서풍 물결은 꽃이 되어 춤을 추고 있어
어지러이 흩뿌린 향내 짙네
봄 산따라 푸른 숲길 거니는데
수풀 속 나뭇가지 새 노래 섞이고
온 산 진달래 멋대로 길 덮었다
싱그러움 맑은 기운 짙어
발걸음 가볍게 수풀 뚫고
산봉우리 오르니
푸른 바다 하늘 끝없고
봄날 풍경 그림처럼 아름다워
시 짓는 소일거리 주네
한가하게 바위 위에 앉아
자연 산수 묘사하다 보니

수풀 저쪽 석양이 지고
반쯤 선 꽃나무 석양 속에 묻혀
아름다운 꽃봄 저물려 한다

봄 · 2

추위는 다했고
봄날, 살그머니 이미 돌아와
봄기운에 매화나무 먼저 솟아나고
봄바람에 꽃나무들 예쁜 얼굴 활짝 펴
산 얼굴 온갖 꽃, 붉은 단장 했네

하늘 바람 살랑하자
복사꽃 만발해
산골집 에워싸고
나비는 봄처녀 따라
등산길에 오르네

등산길 양가엔
꽃과 푸른 버들 늘어져
갑자기 숲이 되어
새 노래 섞이고
아침저녁 아름다우니
놀라운 창조솜씨 경탄하네

행인들 맞고 보내는 화려한 숲
수놓은 계곡은 만인의 집이며
모두가 아름다운 그림이요
고요히 흐르는 물소리 들으니

절로 창조주 하나님을 찬양하네

봄 향기 취하여
진종일 돌아갈 줄 모르고
맑고 한가하매
고독 즐기며
내 멋대로
푸른 안개, 흰구름 속, 신선 되려네

마음 경영 많은 세월 흘렀으니
소박하고 담백한 곳에
삶의 진실이 있지 않을까
혼자 백목련 보며
내면의 뜨락을 가꾸니
수풀저녁, 석양이 지네

산 울리고
계곡 대답하는 석양길에
한 곡조 뽑으며
걸음 걸음 여유로운 몇 날 산행에
꽃진 봄빛
어느새 태반이 지나
봄 저물려 하네

봄을 살기 위하여

푸르고 맑은 하늘에는
흰구름이 꿈을 꾸듯
둥실 둥실 떠있고
눈부신 봄볕이 온 천지에 가득하다

찬서리 칼바람의 처절함을
용케도 잘 버티며 견디어 낸 겨울나무
따사로운 봄볕에
아픔 속에서도 마음엔
조금씩 푸른 잎이 돋아나고 있었다

봄을 살기 위하여
푸른 웃음 푸른 설움이 어우러진 사이로
고개를 쳐들고
봄바람에 기지개 펴
꽃망울 터트렸다

봄은 겨울 속에 숨어 있었다는
또 하나의 깨달음에
내가 열리는 소리
봄을 살기 위하여
나무는 똑똑하게 짚어 보았다

꽁꽁 얼어버린 계곡 속의 설한풍에
깎이고 꺾이며
웅크린 희망으로
자신이 굽이 굽이 지내온 흔적을

고향의 봄

나이 들며
고향 산천 부질없이 꿈꾸니
여생에 또 충남 홍성 만나네
푸른 바다 삼천리 푸른 솔은
만년 봄이라
끝없는 바다 흰물결
한눈에 찾았네
고택 푸른 산아래 빈배
바닷가에 있고
서해 맑은 기운
청아한 운치
시 짓네

봄볕이 따사로운 고향의 봄
뜰에는 꽃나무 줄지었으니
어지러이 흩뿌린 향내 짙고
진달래 산 분홍으로 꽃 다피었네
아지랑이
노을 끌어 멀리 걷어내자
아름다운 동산 그려낸 듯
한쪽 병풍이네

북풍이 스쳐간 뒤
멀리 바라다 보이는 산기슭은
뿌연 안개 깔려 있고
안개 덮인 봄낮
한차례 봄비 내리자
새소리 더 곱네
소낙비에 꽃 날려
대지는 울긋불긋 물들었고
언제나 안개비는
맑은 시내 흩날리네

세차게 흐르는 물결
굽이굽이 맑아
속된 마음 세척해 버리니
때묻지 않은 감성으로 시 짓게 하고
인간의 존귀함을 알도록
잘 키워주신 어버이 생각에
내 고향
먼 하늘 흰구름 바라보네

철쭉꽃 향연

꽃 지고 물 흘러
봄 항상 남아 있으니
또 봄이 와 들판에 연둣빛 새순
"나도 왔다!"는듯 고개를 내미는데
머뭇거리던 춘풍과 영롱한 빛 사랑으로
온화한 기운 따사로워
봄추위에 지각한 철쭉 꽃잎이 열린다

5월산 이마엔 안개 이슬 짙고
뭉게구름 나무 끝에 일어
비이슬 재촉하니
철쭉 나뭇잎들 초록의 향기 풍기며
꽃 다 피워 팔랑치산 진분홍빛으로 뒤덮었다

진분홍빛 드레스 입은 철쭉 처녀들
봄 왈츠의 고운 선율을 타고
5월 내내 꽃 날개 펴
온갖 새들과 꿀벌과 나비들이 날아들어
팔랑치산 능선 천혜의 비경이
입을 다물 수 없게 한다

철쭉 즐기려고 가파른 흙길이고
햇볕을 가려주는 숲속의 오솔길 따라

새소리 바람소리 더불어 팔랑치산 오르다 보면
그 뒤로 지리산 서북능선 이어진다

싱그러운 숲속의 향기로운 꽃길에는
야생화인 엘레지가
보라색 꽃망울을 터트리고
현호색과 흰색의 개별꽃 노란 괭이눈도
드문 드문 모습을 내밀며 낮은 자리에서 겸손하게
철쭉꽃 향연으로 안내한다

황혼녘 나그네 만발한 연분홍 철쭉 군락에 흠뻑 빠져
남은 수심 흩뜨리고 쉴 곳 찾아 내려가는데
어스름 저녁 붉은 햇살 서쪽으로 기울며
철쭉산 끝에 우뚝 솟아있는
바래봉 높은 봉우리에 석양 넘어 진다

백합꽃 핀 집

백합꽃 핀 집
믿음 소망 사랑이 깃들어 있는 집
흰 백합꽃 고개 숙이고
홀로 피어 있어도
그윽한 향기가 뜰에 가득하다

이제는 폭풍우를 몰고 올
그 검은 구름도 없는 이 계절
뜰안에 백합꽃 핀 집에는
순결함을 하얗게 피우며
온유한 사랑의 향기가 가득 차 있다

단풍잎

단풍잎은
마냥 황홀한 이름을 가졌어도
'아! 단풍잎' 하고 그를 바라볼 때는
우리의 시야에서 작별의 슬픈 빛을 발하거든요

겨울을 몰고 오는 태풍엔
단풍잎들은 아프게 떨어져 흩날리고
소나기엔
피에 젖은 몸을 부르르 떨거든요

그러나 단풍잎은
마냥 황홀한 이름으로
우리의 마음에 아름다운 작별을 심고
다음해 가을날을 기약하거든요

가을 · 1

여름날의 은빛 구름은
따스한 가을 햇빛 속에 숨어
하늘은 높고 푸르며
풍요로운 계절이 열리도다

황금빛 찬란한 들판은
풍년을 펼치고
얼기설기 뻗어간 나무 위에는
가을의 풍요가 매달려 있는데

이곳저곳
가을 숲은 화려한 색깔로 단장하고
나무들은 황홀한 옷을 입고
모두를 초대하는도다

자연의 섭리에 감탄사를 연발하며
아름다움과 추수하는 흥분이
보람을 찾는 즐거움으로
변하는 늦가을

정열에 불타는 나뭇잎은
계곡을 지나는 부드러운 바람에
입을 맞추며

안타까운 이별을 고하는데
어느덧
농촌의 앞마당에서 타작하는 소리 들리도다

봄 여름 날
농부가 흘린 피땀의 열매
추수하고 거둬들이는 이 좋은 가을날
열심히 일하며
정직하게 살고자하는 사람이 이룬
일의 보람 속에
가을 추수의 감사함을 느낄 때
이 세상은 얼마나 장엄하고 진지할 것인가

가을 · 2

파아란 하늘이 내게로 오네
먹구름은 따스한 햇빛 속에 숨고
곱게 물든 가을산은 황홀하게 춤을 추며
계곡을 스치는 부드러운 바람은
자연의 아름다운 얼굴에 입을 맞추며
하늘 맑은 화려한 가을날이 내게로 오네

들판은 황금빛으로 출렁이며
가을 숲은 울긋불긋 정열에 불타고
얼기설기 뻗어간 나무위에
빨강 노랑 과일이 주렁주렁 매달려 있는
가을날의 풍요가 맑고 환하게 웃으며
내게로 달려오네

황홀한 옷을 입은 가을 산을 오르며
샛노랗게 물든 낙엽을 밟으며
황금 들판을 바라보며
그 어두운 고통의 색깔이
열정에 불타는 가을 색깔로 짙게 물들어
내 인생 가을날의 황금열매를 꿈꾸네

드디어 곡식 타작하는 소리
풍년 농악소리 들으며

땀 흘리며 이룬 일의 보람을 기뻐하는 농부를 생각하니
오곡백과의 풍요는 침착한 즐거움으로 변하고
열심히 일하며 추구하자는 진지한 마음
새롭게 다져지네

태양빛에 향기 진동하는 장려한 이 가을날
우리의 삶도 씨 뿌리고 땀 흘리는 대로 거두는 법이라고
하나님이 보낸 천사의 음성이 내 영혼을 흔들어 깨우네
힘든 중에도 함께 살아갈 힘을
하나님이 지으신 대자연에게 배우네

씨 뿌리는 마음으로 매일을 열심히 살면
언젠가 열매 거두는 기쁨을 맛보리라는
더할 나위 없는 교훈의 노래가
이 가을날 솔바람을 타고 내 귀에 들려오네
환희의 음성으로!

작별의 향연

노래하는 새들
여름 끝나자
날아가고
휘영청 밝은 달빛이
내 뜰 위에 찾아오면
귀뚜라미 리듬에 맞춰
가녀린 코스모스
솔솔바람과 작별의 춤을 춘다

자연의 질서에 순응하는
온유의 미덕으로
각각 시각적 청각적 아름다움을 남긴 후
부활의 꿈을 꾸면서
제 갈 길 찾는
지금은 그들이 돌아가야 하는 늦가을

사계의 순환 따라
돌아오고 떠남을 아는
장엄한 작별의 향연
한바탕 애틋한 사랑을 나누고
코스모스 배웅을 받으며
먼저 귀뚜라미 노래 떠나고
솔솔바람 사라진다

아름다운 듯 슬프고
슬픈 듯 아름다운 가을은 잠깐이어라

나 항상 그랬듯이
생각에 잠겨
자연이 하는 일을 지켜보니
삶에서 죽음을
죽음에서 삶을 겪는
눈물 젖은 잔인한 생명의 리듬
태양이 지남에 따라
그림자들이 따라가듯이
이런 일이 지금까지
수없이 반복된 것

어떤 영광과 더불어 겨울은 오고
또 가을은 가는가?
매년 그렇듯
이 가을에도 내 뜰에 머물다 떠난
모두가 지나간 자리에
첫눈이 내리고
무수한 별들은 추억에 잠긴다

낙엽

시도 때도 없이
칼바람에 부대끼던 나무

가을이 와도
열매가 열리지 않아
버려진 천덕꾸러기처럼
따스한 인정조차 외면하는
이 삭막한 계절에

그저 죽고 싶다고
바스락 바스락
나뭇잎은 괴로워 몸부림친다

황폐함 뿐의 일상!
그러기에 잎은
붉은 피멍으로 얼룩져
낙엽이 되어
지고 있다

동백나무

푸르디푸른 동백나무, 활짝 핀 동백꽃 있었네
세월 덧없이 흘러 가을 저물며
억울하여 병들어 있는 동백꽃잎 추위 알리고
여생에 또 겨울 만나니 정 많은 하얀 눈 한없이 내리고
먼 들판에 어둠 밀려와 산밖은 잠기는데
가장 아끼는 동백나무 가지에 백옥이 쌓였네
쓸쓸한 차가운 잎새에 맑은 바람 불어 잎 흔들자
병든 동백꽃은 공교로이 옛 추억 찾으니
동백나무
세상이라는 전쟁터에서 총탄을 맞으면서도
순국 한마음 금석 같았는데
웅대한 포부 안고 쓸데없이 쏘다녔음이 집중 조명되네
이제 황혼녘 속된 세상 떠나 조용해
늦은 바람에 세상 때 자국 씻으니
겉은 푸른 옥 자질 나타나고
안은 백옥의 순수함 지니고 있지만
지난 날 끝내 높은 충절 드러내지 못했던 동백나무
그 참과 거짓을 말하지 않은 것이 족히 귀한 일로
하늘도 감동하며 눈 속을 비추지만
한이 풀리지 않아 병든 동백꽃 슬픔에 휘감겨서 차갑게 지니
쓸쓸한 저물녘 물가 동백나무
갑절로 슬프네

늦은 저물녘

군화따라 전후방을
지그재그 숨차게 옮겨다니다가
아프게 멈춘 늦은 저물녘
회오리바람이 자주 일더니
어느 날 갑자기 먹구름 몰려오며
휘몰아치는 폭풍이
내 세상을 캄캄하게 바꾸어 놓았네

어리석음으로 떠안게 된 버거운 짐들이
질펀하게 널려져
굴욕의 발걸음
온몸으로 부딪히며 헤쳐나가다가
여기까지 굴러
낯선 바람이 부는 불모지에서
넘어지기 일쑤

약속은 바람풍선이 되어
허공을 맴돌아
기다리는 이들에게 실망을 주고 있는 당신과
질기디 질긴 인연의 밧줄로 칭칭 옥죄인 채
서러운 노을빛으로
암울한 세월을 견디는 괴로움이여

있다가 없는 것
당당하다가 초라해진 변화의 아픔을
견딜 수가 없어
맺힌 한이
언어의 가시가 되어
오늘도 나는 당신을 찔렀고
당신은 찔렸네

겨울나무 · 1

가지만 남은 겨울나무라도
하늘 아래선
한 겨울 참고 시달리다가
따뜻한 봄을 맞이하거니
뿌리 튼튼하면야 눈바람에 시달려도
따사로운 봄볕에 새 순은 돋거니
충분히 시달리다 상한 생명이여
충분히 시달리며 고통을 견디자.

모진 겨울 헐벗은 나무들이라도
봄이 오면 파릇파릇 잎을 피우겠거니
가자 고통이여 시달리며 가자
아프기로 각오하면 칼바림인듯 어떠랴, 찢기운듯 문제랴

고통과 고난의 세월
훨훨 지나서 희망의 봄을 맞이하자
어둔 밤 지나가면 광명의 새 아침 밝아 오듯
영원한 슬픔, 영원한 절망은 없느니라

캄캄한 밤이라도
하늘의 별이 반짝이며 희망을 속삭여 주거니
겨울나무는 겸손과 인내로
고통과 아픔을 견디며 침묵하느니라

겨울나무 · 2

매섭게 휘몰아치는 칼바람에
상처투성이인 겨울나무 스스로 작아 보였고
삶의 가닥도 못잡아 흔들거리며 아주 지쳐버려
어딘가에 기대야만 살아남을 것 같아
사방을 두리번거린다

비록 견디기 힘든 시련이라도
어둠보다는 거짓 없는 투명한 삶을
살아야 된다는 것을 되뇌이며
펑펑 내리는 흰 눈을 덮는다

다시 푸른 나무로 살기위하여
질기디 질긴 인연과 하나가 되어
깊은 산속 벼랑 끝에서 매서운 강추위에 거칠어진 알몸
부대낄수록 강철이 되고 안으로 안으로 견고해진다

억울하여 쏟아내는 피눈물과
시도 때도 없이 내리는 진눈깨비를
어쨌거나 다시 살기위한 수액으로 뿌리를 향해 모으며
이제 봄이 오면 전신으로
눈물잎 틔워 내겠다는 웅크린 희망으로
모진 겨울 이겨낸다

겨울나무 · 3

휘몰아치는 폭설과 매서운 바람을
꾸준히 참고 견디며 침묵하는 겨울나무
자아를 안으로 깊고 크게 성장시키는 뿌리가
벼랑 끝 동토 깊숙이 뻗어간다

벌거벗고 언 땅에 꽂혀
욕망들에 목숨을 걸었던, 지난 시간이 허무하여
굳어진 아픈 시간
겨울 영하의 추위에 떨며, 숨어서 마음을 비우고 있다

긴 겨울 모진 찬바람에 깎이고 꺾이어
겸손과 인내로 한없이 낮아졌기에
울퉁불퉁 보잘 것 없어도 부끄럽지 않다

뜨거운 정열을 지심깊이 감춘 채
결코 흔들리거나 좌절하거나 절망하지 않고
침묵으로 내일을 엿보며
겨울나무의 수피 속에는
강인한 생명력이 꿈틀거린다

봄이 오면
옛처럼 다시 푸르기 위하여
안으로 견고해지려는데

긴 겨울
눈서리와 매운 바람이 그치지 않아
계속 찢기고 부대끼고 멍들어
너무 아파 울며
오직 안으로 안으로만 그 인고의 고통을 삭인다

불어닥치는 칼바람들
너희 앞에 고개 들고 서기 위하여 애쓰는 겨울나무를
제발 달래면서 기다려라 어려운 시간의 소용돌이……

겨울나무 · 4

세월을 칭칭 허리에 감아 나이테를 새기고
자신을 그대로 드러내고 있는 나목(裸木)위에
흰눈은 내려
내려서 쌓여
뼈 속까지 시린 겨울나무
생의 온갖 아픔 속에서도
잎은 겨울에도 숨어서, 희망의 계절을 예비한다

외롭게 서있는 벼랑 끝에서
하늘만은 함께 있어준다는 깨달음에
끈질긴 생명력으로 희망을 바라며
혹한 강추위를 견디어 내는 불굴의 의지로
가슴에 불지르는 열정이 돌아
안으로 안으로 견고해진다

지금 내 삶은
은총의 산언덕 어디쯤일까?
푸른 세상을 다시 살고 싶어서
질긴 생체의 의욕으로
앙상한 겨울나무의 수피 속에서는
강한 생명력이 꿈틀거린다

봄이 오면 힘껏 수액을 끌어올려

다시 사는, 아름다운 생명나무 되어
모두에게 인내의 향기 보내고
여름엔 무성한 잎을 매달아
어려울 때 내손 잡아준 이에게
시원한 그늘 만들어 주어야지

늦가을엔 낙엽이 되어
사색하는 그의 발걸음부터 푸근하게 해주고
썩어지면 옥토가 되어
그의 농사에 좋은 결실을 맺게 해주어야지
겨울나무는 몸 안에서 사랑의 영양소를 만들며
은혜의 계절을 예비한다

겨울나무 · 5

칼바람에 뚫린 구멍마다
소리내는 피리가 된다

뼈속 깊이에서
뽑아 올리는 삼동(三冬)의 절규

따뜻한 체온을 꿈꾸며
그리워하는
봄은 아득히 먼 계절 밖의 계절인데
얼마를 더 형벌로 서서
피리를 불어야
겨울은 꼬리를 보이는 것일까

겨울나무는
얼음으로 꽃잎하는
피가 돌지않는
빙화(氷花)의 화신으로 서 있다

용서

누가 말했던가
용서만이 사랑이라고
사랑만이 용서라고

밤마다 갈던
복수의 도끼날 무쇠로 녹여낼
불당기던 가슴의 풀무질
나는
용서를 단련하는
땀 흘리는 대장장이였거니

이제 알 것 같네
용서하는 것이
용서를 받는 것이라는 걸

남의 허물 용서하되
스스로의 허물은 용서해선 안 된다는 것을

사랑으로

노을 빗긴 늦을녘
태풍이 휘몰아쳤으나
함께 견디고 함께 애써
함께 뿌리를 사랑하는 거
사랑도 성숙하는 가시밭길의 어디쯤이리라

삶의 온갖 아픔에 견디기 힘들어도
아무리 힘들고 기막힌 사연들이 많기로
어둠보다 빛을 찾는
진정한 지혜의 삶을 잊어서는 안되겠지

겨울철 격정을 인내한 내 영혼의 슬픈 사랑
맺힌 증오 말없이 삭이고
하늘만큼
더 너그러워져서 사랑을 살자
사랑의 불꽃으로 미움을 녹이고 손을 잡아주자

다시 푸른 잎을 틔우는 생을 위하여
용서하고 참고 더욱 하나되는 사랑으로
희망과 용기를 새롭히며 열정을 만든다
성실한 것 진실한 것

마침내 봄바람이 푸르름을 몰고 와

나뭇잎을 틔우면
날이 가며 무성한 나무가 되려니
여름날
모든 이에게 쉼그늘 만들어줄 수만 있다면
더 이상 바랄 것이 없다

가늘게 한숨 쉬는 사랑의 무게
어떠한 고통과 고난 속에서라도
이 세상 살아 있는 동안은
내 질기디 질긴 미운 인연을
사랑하도록 용서 하리라

오직 용서만이 사랑이며
사랑만이 영원하다는 것을
우리의 삶으로 늘 푸르게 수놓을 수 있기를

전방의 새벽 기도

눈이 내린다
휘몰아치는 찬바람에
눈발이 흩뿌린다
새벽 기도 가는
어두어둑한 산길
쏟아지는 눈발이
앞을 가린다
눈 쌓인 산 언덕위의 교회
십자가를 향하여
올라가는 길
미끄러질까 더듬거리는 발걸음
주님과 동행하는 길
오늘이라는 새날을 주신
주님께 감사하며
날마다 병사들의 안전을 위한 기도로
하루를 여는 움직임
눈 내리는 새벽 미명에는
주님 만나는 기쁨이 새하얗다

여인의 한숨

내조의 열정으로
암울한 인고의 세월
굽이마다
숭고한 희생 있어
가문의 영광을 얻었다

세상의 찬양 듣고
가족들의 자존을 세웠으나
새카맣게 타버린
가슴 속 아픔을
뉘 알려나

그처럼 푸르른 영광을 얻기 위하여
순간순간 굽이치는 삶을
온몸으로 부딪치고 헤쳐 나가며
숨죽여 애태워
뭉쳐진 암 덩어리
별똥별 튀는
치열한 삶을 인내한
여인의 한숨이 깊었는가

그 여자는

그 여자는
옛날 옛적에
한국 땅에 태어났습니다
그 여자는
한세상 한세월 살고 살면서
열정적으로 살아 왔으나
지금은
아무것도 가진 것 없고
아무것도 내세울 것 없으며
세상적으로 볼 때
자기는 아무것도 아니라고
그 여자는 말합니다

그러나
전능자이신 하나님이
아버지가 되셔서
아무것도 부러울 것 없으며
나는 여호와로 인하여
즐거워하며
내 구원의 하나님으로 인하여
기뻐하리로다 라고
그 여자는 고백합니다

그 여자는
하나님께서 보실 때
나는 정말 두고 보기에도
아까운 사람이라고 말하며
행복해 합니다

그 여자는
김치 깍두기만을 즐겨 먹다가
조용히 한국 땅에 묻힐
순수한 국산품 한국인입니다

그 여자는
혹 다시 이 세상에
태어날 수 있다면
어두움을 걷어내고 밝게 웃는
하얀 세상에서
하얀 마음으로
하얗게 살고 싶어서
백합으로 태어나고 싶다고
그 여자는
말합니다

삶의 열정

어느 날, 갑작스런 태풍으로 고난을 겪었고
밤마다 고뇌의 연속으로
편안할 날 없었으나
이제 나는 언덕위에 서서
밝아오는 드넓은 하늘을 보았노라

검은 구름 걷히고
숲은 햇빛에 빛나고
부드러운 바람이 일어
희망을 속삭이며
나에게 삶의 용기를 넣어주네

희망으로 깨어 있는
하루 하루 너무나도 소중하여
하나님께 감사기도 드리니
가슴 속에서
삶의 열정이 샘솟네

좋은 일을 위하여
날마다 걸려오는 전화
여러 약속과 만남이
모두 나에게
희망과 축복을 선물하네

바람의 비의(秘意)

가랑잎 흩날리던 덕수궁 길
함께 거닐던 그대와의 추억은
내 한 생애의 우주 여행길에
잠시 스쳐 지나간 한줄기 바람이어라

아름답고 깨끗한
길위의 사랑은
바람과 함께 사라지고

나의 청춘 꽃답게 진 자리에
지워지지 않는 마침표 하나
운명의 장난인줄 알았더니

굳고 빛나던 사랑의 맹세를
바람으로 날려서
바람으로 영원한 사랑을
실어다 준 바람의 비의(秘意)

오늘도
앙상한 가로수 흔드는 바람은
노을빛 하늘의 허공에 매달린 그리움 밀치고
그냥 지나가는
싸늘한 바람소리로만 떠돌려 하네

그리움

별들이 영롱하게 빛나는 밤
사철나무 아래 쉴 때
바람의 날갯짓으로
차마 숨겨둔 그리움
소용돌이쳐
밤하늘을 바라보았네

빛나는 속삭임
길게 던져주는 별 하나
나를 내려다보는
그 별은 그리움의 추억과 향수를
말없이 안고 가는 별빛이네

흔적 없는 밀회 반짝이는
하늘과 땅 사이의 하얀 그리움
추억 속에 숨어서
잠시 스쳐가는 별빛 얼굴 하나

눈물 괸 눈짓으로 반짝이며
눈 마주쳐 마음 비춰주는
그 별 바라보며
은하수 길 트는 묵상의 날개엔
세월 무늬 노을빛이

묻어 있네

시간의 여행길에서
스쳐 지나가는
그 별 아슬이 멀듯이
멀리 두고 가장 먼
별 하나의 빛남으로도
아직도 내 가슴이 뭉클하네

이제, 황혼녘 오르는 발걸음
지금은 그리움의 덧문을 닫을 시간
이슬을 털 듯 추억을 털며
별나라 비행하는
영혼의 밤 외출
종지부를 찍어야 겠네

키워 왔지

희망이 부푼 채
허공에 뜬 구름 잡다가
헛세월 보내며
어려움만 키워 왔지

멈출 수 없다고
오색찬란한 무지개 꿈
열망하다가
슬픔만 키워 왔지

끝낼 수 없다고
나타났다가 사라지는 모든 것을 쫓아
발버둥 치다가
암덩어리만 키워 왔지

유방암
아픔을 보듬어 안고
눈물 가득 출렁이는
인생바다 항해하며
오직 기도로 믿음만 키워 왔지

왈츠 앤 닥터 만

음악의 선율에
커피향도 스텝으로 원을 그리는
향기 가득한 집

당신과 나
한 잔의 커피를 사이에 두고
창밖
푸르게 펼쳐진 강을
시계 화폭삼아 풍경으로 담아본다

강안 저쪽으로
세월인듯 사랑인듯
가물가물 아지랑이처럼 옛이 보이고

말없이도 마음 섞어
영혼으로 노 저어 가듯 두마음 강에 띄우면
또 하나의 옛이 펼치는
강

슬플 때나 기쁠 때
함께 찾는 만남의 장소
강물도 왈츠고 춤추는
왈츠 앤 닥터 만의 노을 비낀
축복으로 쏟아지는 부신 햇살

저축

매일 정성껏 물을 주어
여러 화초를 가꾸듯
나의 이웃들에게
사랑합니다 미안합니다
고맙습니다 용서하세요 라고
좀더 나를 내어주려고
좀더 나를 비우려고
삶 속에서
겸허하게 한
좋은 말들이 이웃들의 가슴에
활짝 핀 사랑의 꽃 향기로
저축되어 있어
언제나 이웃과의 만남엔
사랑의 향기 풍기는
아름다운 시간이 되네

아침 인사

새벽 바람이
나의 창을 두드리며
아침 인사를 하네
햇님까지 따라와 환하게 웃으며
'좋은 아침' 하네

바람, 햇님, 나
의례히 셋이서 꽃님한테 찾아가
'아름다워요', '사랑합니다'
아침 인사를 하네

세상 사람을 만나기 전 이른 아침
꽃님을 먼저 만나면
아름다운 사랑의 향기
내안에 스며들어
누구의 험담도 하지 않고
하루 내내 고운 이야기만 하네

농담

함께 웃고 싶어
내가 이웃에게
함부로 내뱉은 농담이

얼마나 상처를 입힌 말인지
나중에 깨닫고 잠을 설치며
후회한 적이 있어

그럴 때 나는 서둘러
다음 날 아침 작은 종달새가 되어
이웃의 창가에 찾아가지

미안합니다 미안합니다
겸허한 마음으로
멈추지 않고 지저귀며

이웃의 가슴 속에
사랑으로 용서받을 수 있는
아름다운 마음
스며들게 하지

무전유죄 유전무죄

순결한 인간은 법을 몰라도 산다지만
백세시대의 인생길에, 악연의 만남으로 얽혀
예기치 않게, 한판 서로 다투게 되는
불꽃튀는, 법정 싸움으로, 끝내 힘없는 양들이
상실의 그물에 걸리는 공포시대 이어라

금과옥조(金科玉條)로 고른 천지 될줄 알았고
환한 세상 올줄 알았는데
약육강식의 안타깝고 불쾌한 사회의 부조리 속에서
세상의 욕망을 추구하는 권력과 물질의 노예가 되어
불공정한 판결을 내리는 몇 몇 부패한 이리들과
양심을 접어두고 변론하는 몇 몇 여우들이
간혹
실사구시(實事求是)의
엄중한 판결을 내리지 않으니
하늘과 땅이 거꾸로 된 때이겠는가

부정부패가 둥지를 트는 21세기의 지구촌에서
여러 부류의 살쾡이들 부정축재 비자금 조성 등
각종 비리의 큰 죄에 걸려들어도, 돈의 위력으로
안갇혀 있는 큰 죄인, 가진 것 없어
억울하게 갇혀있는, 죄인 아닌 죄인이 되는
뒤틀린 꼴을 보며, 세상 사람들 입에서

무전유죄, 유전무죄라는 이런 이야기는
지금까지 수없이 반복된 것

초췌한 백성들 뼈시리도록 정신 맑아
거짓과 진실을 왜곡하는 불의한 세상을 한탄하며
곳곳마다 탄식소리 높아지고
무전유죄, 유전무죄 외치는 자 많건마는
혹세무민(惑世誣民) 만고불변(萬古不變)으로
개혁이 없는 탄성의 메아리가
이 땅을 맴돌게 하는 그들은
어느 때인가 더 무서운 하늘의 법으로 심판을 받으려니
부끄러운 흔적을 쓸어안고 어디로 숨으려는가

짧은 인생, 부귀영화 누리자 재앙 따르니
탐욕으로 인한 속된 마음 세척해 버리고
모든 인간은 법 앞에 평등하다는 것을 명심하고
국민의 인권보장과 사회질서와 안녕을 위하여
근세규범(近世規範) 힘껏 바로잡고
각종 분쟁과 부정부패에, 어떤 압력에도 거짓없이
공의와 공평으로 준엄한 판결을 내리는
정의로운 사법부로 개혁이 된다면
이 땅에 힘없는 백성들, 세상이 달라지는 모습에
희망을 품게 되고

필연적으로, 수명(水明)의 시대 오게 되어 있으니
머지않아 억울함을 당한, 양들의 의로운 삶이
칭송을 받고 집중조명 되리라고
푸른 소나무, 꼿꼿하게 서 있는 깊은 숲에서
맑은 바람이 엄숙하게 일어나네

* 금과옥조(金科玉條) : 금이나 옥처럼 귀중히 여기는 법률.
* 실사구시(實事求是) : 공상이나 막연한 이론에 의지하지 않고 직접 현장을 확인하고 경험해서 사실을 이끌어내는 태도
* 혹세무민(惑世誣民) : 세상을 어지럽히고 백성을 속이는 것.
* 만고불변(萬古不變) : 오랜 세월이흘러도 한결같이 변하지않음.
* 수명(水明) : 맑은 물이 햇빛에 비치어 똑똑히 보이는 일.

개혁시대

푸른 산에서, 언제부터인가
맹수들의 암적인 사조직이 막강한 권력을 행사하며
인간세상 파도물결 천층으로 일어나고
안개 노을 천만겹으로 어슴푸레하며 초췌한 푸른 영혼들
위세 무서워 우물쭈물 주저하며 탄식할 때
광풍이 휘몰아치던 개혁시대가 열리며
환한 세상 올줄 알았고 고른 천지 될줄 알았는데
개혁의 세찬 바람은 큰 숲 쓸고
흐르는 물, 높은 산, 매운바람 불었지만
천지가 소란하기 그지없고 혼란하였을 뿐
사방 평야 더욱 짙게 안개 낀 것 같았다

개혁시대가 열리며 더더욱 교활한 양의 탈을 쓴 이리가
푸른 창공, 푸른 산, 푸른 바다의 수장이 되면서
역시 권력과 탐욕 온갖 형상 탐내 청렴하지 못하고
같은 산에서 살아 왔던 여우들과 살쾡이들이
암 수 이리의 체제에 기생하며 아부하고
음모와 모략으로 한판 서로 다투는 세상 형편 보니
하늘과 땅이 거꾸로 된 때이겠는가
문민정부가 들어서며
푸른 산 암적인 사조직을 개혁하며
한달 넘게 비바람 몰아쳐 천지가 오랫동안 어둑했다

웅대한 포부 안고 순국 일편단심, 짙었던 저 동백나무는
억울하게 토사구팽 당하고
변고 넘고 넘어 굳세게 홀로 서 있으면서
비바람 눈서리 속에서도 그 절개를 굽히지 않으니
그 색깔은 변함없이 우뚝하게 더욱 푸르다

티끌세상 시끄러워
광란의 어지러운 세상과 함께하지 않으며
세상밖 저 산속에서 동백나무, 짙은 잎들 짙은 노래 부르지만
온갖 배신감은 고목 뼈속 깊이 남아있어
빗속에서도 자라며, 슬픈 동백꽃 아픈 향내 흩뿌린다

세월 덧없이 흐르며 추위 있은 뒤 계절은 바뀌고
어느덧 푸른 산에, 맑은 바람 온화한 기운 속에
수명의 시대가 오고 있으니 세상변천 얼마인가

쓸쓸한 저물녘 물가 동백나무
때론 가벼운 바람 잎 흔들자 일생 점검해 본다
순국 한마음 금석 같았는데
헛된 명성 몰고 티끌 속 달렸던 지난날, 불우해
실의에 빠진 지난 반생 비탄하며
늙음 함께 하는 동백나무
늦은 바람에 세상 때자국 씻으며 남은 수심 흩뜨린다

벼락 치는 날

세찬 바람은 큰 숲 쓸고
저물녘 비 오자 천둥 번개 벼락 치며
천지가 진동하는 우레 소리
죄인들에 대한 하늘의 경고인가

부귀영화 권세를 얻기 위하여
수단 방법을 가리지 않는 교활한 그대를 모르고
웅대한 포부 안고 열정적으로 도우며
순국 한마음은 금석 같았는데
어리석게 이용당한 후 토사구팽당해
예기치 못한 상처들로 가슴에 절여진 분노

광란의 어지러운 세상에
그대의 배신과 그 위선과 비열함을 말하지 않고
묵묵히 끌려가는 소가 되었지만
오늘처럼 천둥 벼락 칠 때 그대는 두렵지 않은지
터무니없는 음모의 억울함과 인고로
더욱 한이 맺혀 있는
"어쩌면 그럴 수가 있나"라는
끝도 없는 분노의 물음 뒤에
언제나 일곱 번 씩 일흔 번 용서하라는
주님의 말씀 귓전을 때리네

늙고 병들어 세상의 웃음거리가 된
부정축재자들의 부끄러운 노후처럼
내가 증오하는, 죄악에 대한 하늘의 엄숙한 보응
도도한 암수 이리의 호화로운 삶에
벼락 치는 환영이 떠오르네

그대 배신으로 추락해 실의에 빠진 생애 모두 20년
내 뇌리에서 찢긴 세월 제발 잊었으면 하는데
뼈시도록 정신 맑아 어둠을 거느린 부패한
그림자의 흔적을 헤적이며
그대와의 악연을 비탄하며
그대의 잘못된 삶에 대한 측은지심
참회하는 그대 속 울음소리가
내게로 들려 올 날이 있을는지
벼락 치는 날 저물녘 자꾸만 눈물이 나며
온갖 인고의 고뇌, 잡초 같아 빗속에서도 자라네

나는 지금도

나는 지금도
자연의 새로운 경이를 담고 싶은 마음으로
숲이 있는 마을 풍경을 그리고 싶지만
이젠 감수성이 무디어져서
저 파울 클레처럼 풍부한 색채로
낭만적인 풍경을 그려낼 수가 없느니

나는 지금도
사랑하는 마음으로
그대 꽃병의 꽃이 되어
그대가 세상일이 괴로워
말없이 밖으로 나서는 날에
눈 마주쳐 마음 비춰주며
저 장미꽃처럼 눈물짓듯 웃어주고 싶지만
격정을 인내한 나는 그 아픔조차
뾰족한 가시로 매달고 있는 찔레꽃이려니

나는 지금도
부끄러운 이름을 슬퍼하는 마음으로
믿음의 명예를 회복하기 위하여
수고의 열매를 맺고 싶지만
폭풍우를 밀어내는 이 연약한 저항
저 뿌리 깊은 나무처럼

바람에 흔들리지 않을 수 없느니

아 나는 지금도 무엇을 하고 싶은 마음뿐
마음에 간절한 염원 이루지 못했느니
나는 지금도
고난을 축복의 기회로 바꾸시는
하나님의 때를 기다리며
희망을 품고 기도하며 열심히 일하는 것은
하늘 아래 사는 진지한 나의 일과이려니

* 파울 클레(Paul Klee) : 1879. 12. 18.~1940. 6. 29. 60세 사망. 국적(독일), 스위스화가.

인생은 짧은 것

대지진과 해일 자연재해로
공포와 불안을 몰고 오는
21세기의 지구촌에서
자연의 위력 앞에 나약한 인간들
허황된 욕망 버리고
존재할 때 이미 마련되어 있는
이 땅의 삶이 언제까지일지
주어진 하루 하루 감사하며
성실하게 살아나가면
비어버린 자리마다
행복한 세상으로 가득할 것을
욕망의 배를 채우려는 높은 자리
죄짓는 부질없는 자리
친구보다
좀더 높은 자리에 있어본댓자
좀더 많이 가지고 있어본댓자
또 미운 사람 짓밟을 수 있는
그까짓 돈 명예 권력 다 무엇인가
바람 앞에 촛불만도 못한
대수롭지 못한 것
인생은 짧고 곧 지나간다
갈 때도 올 때처럼
빈손으로 가야하는 것이니

세속적인 일체의 명리를 놓아버리고
마음비우는 일 하나로 살아가자
칼바람 세상 속에서도
주어진 목숨껏 청정심으로
이 작은 생명 살자
이 세상 사는 것
황송한 축복으로 알고
좀더 너그러워져서
한세상 사는 동안
싸우지 말고 베풀자
인생의 싸움은 짧은 것
한판 서로 다투던 너와 나
모든 것이 끝나면
우리는 나란히 누워 잠이 들도다

요동치는 세상사

온 산하가 초록빛으로 뒤덮였으며
비온뒤의 대지는 넉넉함으로 흘러 넘쳤었는데
흐르는 세월 따라 세상 자주 바뀌며
푸른 솔
흰눈을 업신여겨
세찬 바람은 큰 숲 쓸고
저물녘 눈
멀리 바라다 보이는 산기슭에
우뚝 솟은 나무 가려 아득하다
하늘에는 불화의 먹장 구름이 드리워지고
불투명한 앞날 안개되어 다가오는데
풍요롭던 인심 각박해지고
나부끼는 병든 이파리 죽음 알리며
희미한 안개 비 섞여 푸른 산 어둡다
환한 세상 다시 올줄 알고
넓은 하늘 우러러 보고 좁은 나라 둘러보니
광란의 어지러운 세상 요동쳐
꽃지고 꽃피건 한판 서로 다투는 세상
흐르는 물 높은 산 매운바람 불며
온통 어수선한데
백년 덧없는 인생 그럭저럭 지내고저
귀 밝아도 시끄러운 소리 들은체 않으려니
저물녘
석양에 긴 안개 깔린다

풀꽃 향기

김포 송마리
긴 세월의 들판에
고달픈 바람에 나부끼는 풀꽃이 있다
행복 꽃밭 늘 푸르기 위하여
바쁘게 움직여야하는 풀꽃 새벽이슬 마시며
태양과 바람과 비에 푸르렀나니
진종일 푸른 잎새 숨 가쁘게 나플 나플
때로는 폭풍이 덮어 내려도
아침 햇살에 다시 깨어나는
청정한 풀꽃 내 올케의 모습 절망은 없다
이미 큰며느리로 존재할 때
형제우애 물질로 다 채울 수 없음을 알고
손수 애써 농사지은 야채와 과일
여러 형제들에게 나누어 주며
가늘게 한숨 쉬는 사랑의 무게
모든 생의 몸짓이 안쓰럽고 소중하여라
파릇한 아픔과 눈물은 늦은 밤에 말없이 삭이고
얼마나 더 너그러워져서
훗날에 또 나누어 줄 매실주 담근다
땅의 근심과 천국의 소망을 전하는 나의 시간 여행길에
구름따라 바람따라 다가오는 올케의 사랑은
가슴 뭉클한 행복으로 이어지는
생존의 풀꽃 향기여라

꺾여진 꽃은

무참히 꺾여진 꽃은 두려울 것이 없다
더 꺾여질 것
더 분질러질 것
아파할 그 무엇도 없기에
다 잘려진
마지막
그대 꽃병에 꽃으로 미소지으리

억울하게 꺾여지고
잘못하여 분질러지고
고통스러워서 암에 걸렸어도
마지막까지
그대 꽃병에 꽃으로
활짝 웃으며
사랑받는 꽃이라면 행복하리

조국이여 깨어나라

이른 새벽
조간신문을 들여다 보노라면
21세기의 어둠을 흔드는
글로벌 세상의 파도소리가 들리는 듯
광란의 어지러운 세상 요동쳐
세계적으로 소란하기 그지없고
혼란하고 복잡한 세태 속에서
불투명한 앞날이 안개되어 다가온다
더구나 우리나라는
남과 북이 냉전상태에 놓여 있고
국가안보에 중대한 위협을 받으며
한반도 긴장은 어느 때보다도 고조되는데
종북세력이 반란을 도모하고
나라 안에서도 좌우로 갈리어
증오와 다툼이 심화되며
여야 한판 서로 다투는 이 나라 형편보며
혼돈과 무질서의 늪에서
초췌한 백성들 불안해 한숨짓고 있다
겨레여
잊을래야 잊을 수 없는 6·25 전쟁을 기억하고
온 국민이 일치단결하자
철저한 국가안보태세로
과거 국난이 되풀이 되지 않도록

맡은바 자기 본분을 잃지 않고
국가를 지키는 파수꾼이 되어야 한다

겨레여
이때에 정신 바짝차려야 한다
오늘날 이 땅에
민생문제, 나라의 경제가 점점 어려워지면서
빈부의 격차가 심해지고 물질의 고갈은 물론
정신적인 고갈도 갈수록 심화되는데
약육강식의 독식사회를 벗어나지 못하는
물질의 노예들
권력과 탐욕에 빠져
부패하여 구린내가 나는 위정자들
한 몸의 영달을 꾀하여 권력에 아부하거나
체제에 기생해 헛된 명성 몰고
티끌 속 달리다가 추락하는 자들
양심을 속이고 불의의 이를 탐하며
부귀영화를 추구하는 어리석은 자들
다음날이 새기까지
쾌락 사랑하기를 즐겨하며
여자와 향연의 술잔에 빠져
타락에 젖어있는 자들
모두들 정신 바짝차려야 한다
불야성 도시의 하늘은 별빛도 달빛도 잃고

인간세상 파도물결 천층으로 일어나
혼란한 이 세상 산하가 슬퍼하며
곳곳에서 탄식소리 높아지고 있다
이 나라 지도자의 위치에 있는 사람들이여
먼저 그대들이, 속된 마음 세척해 버리고
깨어나라
세간 영화 조락, 아침저녁 다르며
인생은 처음 생각 잘못하면
지나고 나서야 비로소 후회한다

펜은 칼보다 무서운 것
안개 노을 천만겹으로 어슴프레한
현실의 전쟁터에서
글쓰는 이의 정의로운 용기는
총탄을 맞으면서도
애국애족하는 투철한 자기인식과 저항으로
기성세대의 낡은 사고를 지면위에 올려놓는다
앞으로 문단에
썩은 위정자들의 수치를
통쾌하게 밝힐 이 같은 사람 있으니
필력 군건해
역사를 보충할만하도다
내 사랑 조국이여 겨레여
깨어나라

옛 사람

산야의 단풍은 열정적인 사랑을 하다가 저토록 초췌한 낙엽으로 떨어져 처절하게 누워 있습니다. 그들 사랑의 아스라한 침잠(沈潛)의 고요가 마지막을 창연(愴然)하게 장식하는 늦가을! 별들이 영롱하게 빛나는 밤에 나의 별 찾아 나는 눈빛과 가슴빛으로 내 첫사랑 이야기를 들려줍니다. 그 옛날 내 마음의 뜰에 머물다 떠난 잃어진 내 옛 이야기를 나의 별도 밤이 늦도록 들어줍니다. 푸른 꿈 아프도록 청춘의 추억을 물들이며 바람과 함께 나의 첫사랑은 꽃답게 스러졌습니다. 추운 햇살 속에 싸늘하게 부는 바람과 함께 희미한 눈발이 이는 1963년 초겨울이었습니다. 그대가 미국 유학 가기 전날 헤어지기 못내 아쉬워 덕수궁 돌담길 따라 저물도록 거닐었지요. 훗날 다시 만날 날을 기약하며 그때 우리에겐 그 시간 너무 짧아 안타까워했습니다. 처음으로 그대의 손을 꼬옥 잡고 거닐던 작별의 떨림이 그대와 끝내 마지막 만남이 되었습니다. 꿈결처럼 청신(淸新)함이 흐르는 그대 사랑은 영원할 줄 믿었습니다. 그러나 그대와의 애틋한 연분도 눈부신 나의 청춘도 가을 날 노랗게 물들인 은행잎이 바람에 흔들려 떨어지듯 소문만 무성하게 하고 그렇게 가버리더이다. 그리하여 덕수궁 돌담 길 따라 걷던 끝날 것

같지 않던 그 사랑은 지금은 아득한 옛날의 추억이 되었습니다. 고등학교 학창시절부터 끈질기게 사랑공세를 하던 그대가 나를 향했던 순결한 사랑은 별처럼 아름다운 사랑이었습니다. 꿈처럼 진정 희망에 부풀었던 사랑이었습니다. 좋은 집안 자손인 그대는 지금으로부터 50년 전 그때 그 시절에 드물게 미국으로 유학을 가게 되어 우리는 어쩔 수 없이 멀리 떨어지게 되었습니다. 하여 홀로 피어 있는 꽃이 된 나는 항공우편으로 그대에게 빛 고운 내 향기 쉬임없이 보냈지요. 또한 푸른 나무였던 그대 향기 끊임없이 받으며 태평양을 오고가는 수십 통의 러브레터로 몇 년 동안 더욱 애틋하고 진실한 사랑을 엮었습니다. 그러나 멀리 떨어져 젊은 날을 보내며 '그대와 나' 예기치 않게 어처구니없는 오해가 겹쳐 결국 끝낼 수밖에 없었습니다. 가을 단풍잎도 아리 아리 고운 색색의 모습으로 혼신을 다해 불타는 사랑을 하다가 계절이 변하는 소리에 뼈가 저리는 이별의 슬픔을 안고 바람과 함께 그 사랑 마지막을 처연하게 지더이다. 가을 단풍처럼 이룰 수 없는 첫사랑은 그렇게 가더이다. 눈에서 멀어지면 마음에서도 멀어진다고도 하더니 멀리 떨어져 있으니 꼬인 오해 풀기가 난해(難解)하더이다. 그때 포플러 나무 집안과 백합꽃 집안은 제각기 제 조상의 가품 있는 뿌리임을 뽐내며 나는 그대 부모님의 기준이 못되고, 그대는 나의 부모님의 기준이 아니기에 구태여 양 부모님들의 반대를 무릅쓰고 애써 이룰 수 없기도 하였습니다. 분홍빛 첫사랑도 믿음과 신뢰를 저버리지 않는 만남이라면, 세상의 어떤 방해나 시련 앞에서도 흔들리지 않을 것입니다. 그러나 길고 긴 날 동안 멀리 떨어져 있는 운명의 장난으로 그대에게 나는 억울하게 결코 변심녀가 아닌 변심녀가 되었습니다. 진정 오해였는데 미국에서 그대는 배신감에 충격을 받고 무척 분노하며 괴로워하더이다. 다른 사람의 음모를 믿으며 일방적으로 나를 배신녀로 만들고 그대는 마음을 못잡더이다. 그때 그대는 독단적인 마인드로 복수심에 불타 공부를 포기하고 귀국하겠다는 편지를 계속 보내 왔었지요. 그 무렵 나는 그대 어머니와 만남이 있었고 우리는 어쩔 수 없이 헤어질 수밖에 없었습니다. 그대의 일방적인 오해가 내 영혼을 노리개질하며 사랑의 진리마저 끝내 애증(愛憎)의 그림자를 버릴 때 텍사스에서 백마를 탄 그대가 점점 더 멀어지며 헤어져야겠다는 생각이 들더이다. 황금의 꽃처럼 영원토록 변치 않을 것 같은 굳고 빛나던 사랑의 맹세는 불꽃처럼 타다가 꺼진 재가 되어서 허공에 날아갔습니다. 결국 이룰 수 없는 첫사랑은 바람처럼 그렇게 가더이다. 아름다운 듯 슬프고 슬픈 듯 아름다운 추억을 차마 떨치고 그대와 결별하였지요. 나의 첫사랑은 풀꽃 아른한 향기를 남기고 꽃답게 죽었습니다. 꽃이 꽃잎 떨구며 슬피 울었습니다. 얼마동안은 나는 그간 모아 간직한 그대 푸른 나무 글꽃 향기 속에 그리움을 달래었습니다. 그래도 그리워 살뜰히 못 잊으며 그 겨울이 지나 봄은 가더이다. 또 봄은 가고 그 여름이 지나 또 세월을 보내며 못 잊어도 더러는 잊혀지더이다. 나는 꽃다운 시절에 이별의 슬픔을 호되게 앓았습니다. 어느덧 아픈 세월이 지나가며 샘터에 물 고이듯 성숙하는 내 영혼은 결별이 이룩하는 축복에 싸여 상처가 떠난 자리에 새로운 빛과 힘이 솟아나더이다. 나는 첫사랑을 앓는 젊음의 뒤안길에서 뼈에 저리도록 걷잡을 수 없는 슬픔의 힘을 옮겨서 새 희망을 엮었습니다. 구멍난 가슴에 다른 사랑을 심었습니다. 캄캄한 밤이라도 하늘 아래선 마주 잡을 따뜻한 손 찾아오더이다. 그 진실한 사랑은 생기가 돋아나게 하고 기운이 넘치게 하며 내 삶을 추스르게 하는 생명의 열정을 새롭게 하더이다. 비온 후의 산천이 맑게 씻기어 더욱 싱그럽고 푸른 것처럼 내 인생에도 첫사랑의 아픔이, 상처들이, 어려움들이, 지혜를 만들어 더욱 진지하게 새로운 아침을 열게 되더이다. 새로운 사랑과 희망의 별빛 찾아 1968년 5월 5일 웨딩마치가 울려 퍼지고 내생의 찬란한 꽃등이 켜졌습니다. 미리 알고 정하신 하나님 뜻대로 나는 나보다 나를 더 잘 알고 진실하게 사랑해 주는 내 남편을 죽도록 사랑하였습니다. 멍들고 얼얼한 가슴 속에서 내일의 희망을 꿈꾸며 젊은 나날 열정적으로 살았습니다. 세월이 가고 또 세월이 가며 멀리서 서로 다른 운명의 삶을 살아 나가는 그대도 나 역시도 오랫동안 가꾸어 온 소중한 가족과 가정으로 지금까지 행복하고 각자의 삶에 충실하여 첫사랑을 생각할 겨를이 없었겠지요. 그러나 남몰래 더러는 생각나더이다. 그럴 때마다 멀어져서 그대를 옛 사람이 되게 한 옛 추억을 가슴으로 죽이며 그대를 멀리로 잊고저 하였습니다. 그대를 생각하는 것은 겨울에도 푸른 잎을 간직하는 전나무처럼 변함없는 사랑으로 늘 나를 최고로 아껴주는 내 남편에게 죄스러운 일이기 때문입니다. 수십 년 지난 지금 이젠 나의 첫사랑은 아득한 옛날이 되었습니다. 지금 그대와의 사랑은 이미 가고 없습니다. 그러나 잊으려 해도 진정 잊으려 해도 아직도 잊혀지지 않는 이름으로 나에게 그대는 멀리 떠난 옛 사람으로 남아 있습니다. 새벽안개 같이, 봄날의 아지랑이 같이, 실체를 잃어버린 아련한 옛 사람으로, 그대 이름은 아직 잊혀지지 않았습니다. 잊고저 할수록 잊혀지지 않아 그대 이름이 남아 있다는 건 보이지 않는 곳의 그대를 아직도 기억하고 있다는 것입니다. 나의 첫사랑은 갔지만 그대는 옛사람으로 내 서늘한 가슴에 있습니다. 그러나 이제 황혼이 짙어지는 길목에서 청정(淸淨)한 마음을 깨달아 허공에 바람 가듯, 그림자나 메아리처럼, 빈 마음으로 한 세상 마치는 일이니, 옛 사람을 끝내 잊고저 합니다. 내 인생 저물녘 추억의 창문을 닫고 내 마음의 뜰에 망각을 심으오리다. 망각(忘却)은 잊어버리는 것. 잊을 수 없이 망각(忘却)을 맹세하는 차디찬 의지의 결단으로 그대의 모두를 잊으오리다. 그 옛날 지금은 가고 없는 그 옛날의 이야기를, 뻐꾸기처럼 울지도 못할 기찬 내 첫사랑 이야기를, 눈물 괸 눈짓으로 눈 마주쳐 끝까지 들어 준 나의 별에게 나는 한줌의 눈물을 던져 주었습니다. 울 줄 밖에 모르는 바보 별것도 아닌 여자 시우미가 오랫동안 구름 낀 가슴 속에 감추어둔 첫사랑의 사연 이제 마음 바닥까지 다 펴내어 후련히 털어 놓았습니다. 하늘과 사랑하는 나의 별 하나에게 이 글을 읽는 사람들에게…….

시집평설

관조로 아로새긴 생의 무늬

박진환
(문학평론가 · 문학박사)

1. 전제

인생의 경륜을 표현할 때 흔히 관조라는 단어를 사용한다. '고요한 마음으로 사물이나 현상을 관찰하거나 비추어 본다'는 의미의 관조는 시인들에게 있어서는 '미적 탐구'라는 말로 잇대이기도 한다.

그 의미를 좀 더 짚어보면 라틴어에서 비롯한 '관찰하다', '주의 깊게 바라보다'라는 뜻에서 유래한, 미적 대상에 대하여 주관을 가미하지 않고 냉정한 마음으로 관찰하고 완미(玩味)하는 것을 말하는 미학 용어로서 미적 향수 또는 미적 향락이라고 한다. 칸트(Kant), 쇼펜하우어(Schopenhauer) 이래로 근대 미학에서는 관조를 예술작품이나 미적 현상들에 대한 고유한 미적 지각으로 간주했다. 관조적인 미적 태도에서 객체의 현실과 관찰하는 주체의 현실은 배제되어 미적 관찰은 '일체의 관심을 떠나서' 행해지는데, 이때 객체는 단지 그 현상적 방식에서만고찰된다.

관조는 그 대상에 따라 크게 예술관조와 자연관조로 나누어지기도 하는데, 전자인 예술관조는 창작의 추체험(追體驗) 혹은 내면적 모작(模作)이라는 것이다. 예술관조의 태도에는 두 가지 경우가 있는데 작품을 그 요구대로 관조하는 경우와 작품이 유발하는 관조자 자신의 상상활동 및 주관의 감정을 즐기는 경우가 있다. 이를 각각 능동적 태도와 수동적 태도, 혹은 외방집중(外方集中)과 내방집중이라고 부르며, 예술관조는 예술작품이 일정한 예술의지의 표현인 한 객관적이어야 한다고 한다. 이에 반해 후자적 자연관조는 자연이 관조자에게 일정한 방식을 요구하지 않는 한 주관적이며, 같은 자연도 주관적 태도의 차이로 미감이 달라지기 때문에 예술관조에 비해 더 다면적이라고 할 수 있다.

시인을 일컬어 언어의 지배자라고도 하고 언어에의 봉사자라고도 한다. 전자적 경우가 I. A 리처즈로 대표된다면 후자의 경우는 사르트르로 대표될 수 있을 것으로 보는데 언어를 지배하건, 봉사하건 표현은 각기 달라도 다 같이 시는 언어예술이라는데 귀결될 수 있을 것으로 본다.

필자는 일찍이 "시는 최소의 언어를 투자하여 최대의 감동을 마진으로 챙기는 언어경영"이라고 피력한 바가 있다. 그것은 시가 절제된 언어로써 절제로는 통제할 수 없는 감동의 확신을 언어경영으로 챙기고 체험할 수 있다고 믿었기 때문이며, 이러한 전제는 극도의 절제를 통한 관조를 경험하지 않고서는 현상과 사물에 대한 철저한 통징과 편이 등장할 수 없기 때문이다.

더하여, 경륜은 시인의 삶은 삶을 이끌어온 거대한 수레바퀴를 돌아

봄으로써 나타난 단순한 흔적을 통해 평가할 수 있는 것이 아닌, 시인이 그려내고자 하는 옹골찬 무늬에 스며들고 배어나고 드러난 것에 대한 관심이어야 한다. 바로 '아로새긴' 인생의 무늬가 그 시인의 시를 바라보는 첫 발걸음일 것이기 때문이다.

시우미 시인의 시집 『삶의 무늬』는 시인이 "나의 글쓰기는 포탄 맞은 가슴처럼 갈갈이 찢어지고 헤진 상처를 싸안아 새살이 돋게 했으며 메마른 가슴에 폭포수 같은 서정이 흘러내리게 하여 폭압의 시기에도 당당히 존재하였습니다"라고 고백적으로 진술한 책머리글에 시의 에스프리가 잘 나타나고 있는데 시를 제시 구체화 했을 때 극명히 드러날 것으로 본다.

2. 무늬로 아로새긴 생의 여려 양태

2-1 믿음으로 그려내기

시우미 시인의 시집 『삶의 무늬』는 총 68편의 시를 정갈하게 정리하여 밀도 있고 색채감 있게 그려내놓고 있는 일종의 자화상이자 스스로의 내면 풍경이다. 시인의 시를 색채감으로 전제하는 이유는 관조라는 전제를 통해 바라본 것처럼 화려한 듯하면서도 결코 요란스럽거나 사치스럽지 않은 치열한 작업의 손길이 시에 투영되어 있기 때문이다. 시를 제시, 무늬로 아로새긴 생의 여러 양태를 들여다보기로 한다.

날마다 마를줄 모르는
맑고 깊은 샘물로 퍼 올리는

사랑 연습

-「나의 호는 산정」 중에서

멈추지 않는 삶은
봄나무의 푸르른 희망과
여름나무의 진초록 빛 꿈이
무성한 숲길에서 가을나뭇잎 지는 쓸쓸한 노래와
겨울나무의 끈질긴 생명력을 엮어가는
생명의 찬가로

-「황혼녘의 시심」 중에서

어느덧
어둠과 밝음이 교차되어 흘러가는
신선한 강물이 되어 고백하도다

-「묵상」 중에서

내가 사는 것은
다만 잃은 것을 찾는 까닭이요
쉬이 밝은 새날이 오는 까닭이고
아직 이 세상에서
내가 할 일을 다하지 않은 까닭이며
여호와께서 내 간구하는 소리를

들으시는 까닭입니다

–「내가 사는 까닭은」 중에서

매일 매일을 살아간다는 것은 치열함 그 이상일 것이다. 시인은 그 치열함을 "나에게 문학은 이 세상은 살만한 가치가 있다고 가르치는 나침반이며 지침서이기도 합니다. 하나님이 나의 모든 것이고 시도 내 영혼의 양식이며 내 삶의 표현이며 흔적이며 내 존재의 확인이 아닌가 생각됩니다"라고 피력하고 있다. '날마다/마를 줄 모르는/맑고 깊은 샘물로 퍼 올리는' 그 끝없는 연속선의 '사랑 연습'이라고 말하고 있는 것이 그것이다.

그리하여 '멈추지 않는 삶'은 '나무'의 계절이 바뀐다 할지라도 그 본질의 변화가 아닌 상태의 변화로서의 '푸르른 희망', '진초록빛 꿈', '쓸쓸한 노래'로 이어지다 결국은 '생명력을 엮어가는/생명의 찬가'로 변화 확산되어 가고 있다. 그리하여 변화는 믿음이 되어주고 있다.

믿음은 '어느덧' 삶의 깊은 영역으로 전이되고 확장되어 '어둠과 밝음이 교차되어 흘러가는' 그 혼돈과 격정의 순간에도 '신선한 강물'로 그렇게 '고백' 되기에 이른다.

믿음의 끝에는, 믿음으로 그려내기를 감당하는 시인의 마음속에는 '그래서 언제나 내가 사는 것'으로부터 고백되어지는 수많은 '까닭'이 상존하는 것이다. 이러한 이유들은 단순히 변명이나 핑계가 아닌 보다 근본적인 삶의 관조이며, 관조는 절대자이신 '여호와께서 내 간구하는 소리를/들으시는 까닭'으로 귀결되고 있다.

이제 시인에게는 '아직 이 세상에서/내가 할 일을 다하지 않은 까닭'

이라는 믿음으로 그리기인 신앙이 남아있게 된다.

2-2 소망으로 채색하기

믿음으로 그려낸 시인은 그 여백을 소망으로 채색하기 시작한다. 채색은 색을 입히는 것 이상으로 잇대어 설명하는 것이며, 덧대어 표현해 내는 것이다. 그러나 이러한 일련의 과정이 사족을 다는 것과 같은 번잡함이나 소란스러움이 아닌 간결함으로 표현되어 질 때 그 생의 순전한 무늬는 더욱 그 진가를 발휘하게 된다.

어느새
황혼이 깃들 무렵
자연의 순리를 일깨우는 사계의 길목에서
사계의 꿈새는 꽃향기 바람소리 더불어
온 우주의 자연과 밀회로 지상에 내린
하늘의 축복을 노래하는
노을빛 세월무늬 아름다웠으면 하여라

- 「사계의 꿈새・2」 중에서

어둠이 짙은 허공에
별처럼 반짝이는 빛의 노래를
기도 뒤에 따라오는
하나님의 축복과도 같은
그런 시를 노래하는

시간 여행을 하며

죽음에서 삶을
지상에서 천국을 보는
노을빛 인생

-「노을빛 인생」 중에서

희망의 별빛과 함께 하는 세월의 언덕에서
아름다운 세상 꿈꾸는 초록의 숨결
영원한 승리의 빛으로 피어나라

-「나의 반려는」 중에서

고통과 고난도
전능하신 하나님 사랑을 믿는 소망의 인내로
온 세상 쉬는 숨결 한 갈래로 힘을 얻고 밝고 맑다네

-「소망의 인내」 중에서

'어느새/황혼이 깃들 무렵'에 선 시인의 뒷모습에 드러난 발자국의 흔적은 '자연의 순리를 일깨우는 사계의 길목'이며, '꽃향기 바람소리 더불어/온 우주의 자연과 밀회로 지상에 내린' 노을빛 세월무늬로 아름다웠으면 하는 '사계의 꿈새'가 되어준다.

그래서 시인의 시는 생에의 채색하기로 '어둠이 짙은 허공' 가운데가 아닌 '별처럼 반짝이는 빛'과 '하나님의 축복'의 이야기이며, 노래이며 또한 '시간 여행'이 되어준다. 그러나 시간여행의 끝에는 아쉬움과 공허가 잔존하는 것이 아닌 '희망의 별빛'이 함께하는 '세월의 언덕'의 종착점을 만나게 되며, 그 종착점에서의 바라봄은 '초록의 숨결'로 호흡하는 '승리의 빛'이 되어 준다. 그렇다. 시인의 소망으로 채색하기는 그래서 '소망의 인내'로 감내해내는 '밝고 맑음'이 되게 된다.

2-3 사랑으로 아로새기기

시인은 이제 지워지거나 사라지지 않을 아로새기기를 준비하고 있으며, 실천하고 있다. 관조라는 도구로 생을 '정교하게 파서 새기기'를 하고 있으며, '또렷이 기억함'으로 무늬를 완성해 가고 있다.

가시밭에서도
스스로 머리 숙이고
자신을 한없이 낮추고
겸손의 향기 피어 올린다

– 「백합꽃 · 1」 중에서

아픈 밤이 지나고
향기로운 숲속에서
예쁘게 새소리 흘러나오며
새날이 열립니다

– 「새날이 열리며」 중에서

봄은 겨울 속에 숨어 있었다는
또 하나의 깨달음에
내가 열리는 소리
봄을 살기 위하여
나무는 똑똑하게 짚어 보았다

-「봄을 살기 위하여」 중에서

누가 말했던가
용서만이 사랑이라고
사랑만이 용서라고

-「용서」 중에서

다시 푸른 잎을 틔우는 생을 위하여
용서하고 참고 더욱 하나되는 사랑으로
희망과 용기를 새롭히며 열정을 만든다

-「사랑으로」 중에서

완성해 가는 그 길엔 분명코 '가시밭'도 등장하기 마련이다. 그러나 '스스로 머리 숙이고/자신을 한없이 낮추고/겸손의 향기 피어 올'려 그 시간을 감내해 나간다면 분명히 '아픈 밤이 지나고' 그 끝에 '새날'이 열림을 경험하게 돼 가닿을 극지에 도달하지 않을까. 이러한 경험은 '봄은 겨울 속에 숨어 있었다'는 진리를 깨닫게 되어, 그때서야 비로소 '내가 열리는 소리'로 나를 아로새기기 시작하게 되기에 이른다. 시작은 곧 '용서만이 사랑이라고/사랑만이 용서'라는 인생의 관조를 통한 넉넉한 통찰과 함께 '다시 푸른 잎을 틔우는 생을 위하여/용서하고 참고 더욱 하나되는 사랑으로/희망과 용기를 새롭히며 열정을 만든다'는 완성되어진 무늬 앞에 스스로를 세우기에 이른다. 그래서 시인의 인생으로 아로새겨진 무늬는 그 누구의 것도 아닌 시인이 그토록 갈망했던 문학과 절대자 여호와 앞에 벌거벗어 드러내놓은 사랑이기에 이른다.

3. 결어

너무 슬프면 오히려 눈물이 아니라 웃음이 난다고 했던가. 절망 끝에 오히려 희망이라는 끈이 놓여져 있다고 했던가. 시우미 시인이 치열하게 그러나 담담히 감내했던 인생, 관조하며 걸어온 생은 그래서 '아 나는 지금도 무엇을 하고 싶은 마음뿐/마음에 간절한 염원 이루지 못했느니/나는 지금도/고난을 축복의 기회로 바꾸시는/하나님의 때를 기다리며/ 희망을 품고 기도하며 열심히 일하는 것은/하늘 아래 사는 진지한 나의 일과'(「나는 지금도」 중에서)라고 고백적으로 피력하기에 이른다. 결론적으로 시우미 시인의『삶의 무늬』는 시인의 치열하고 당당함이 한 폭의 유화처럼 깊고도 화려하지만 가볍지 않은 묵직함으로, 수채화 같은 간결하고 순결함으로, 더 나아가 수묵화 같은 희망의 여운 같은 아련함으로 완성되어져 보여주는 시인의 내면 풍경이자 시인의 길로 이어지는 시적 도정을 보여준 것이 된다. 겨울을 준비하며 또 다른 봄을, 여름을 그리고 가을을 기다리는 열정을 내연의 불꽃으로 태워 불밝혀 보여주는 시의 무늬로 보여주고 있는 것이 된다.

•

시우미 시인은 충남 홍성에서 태어났다. 한국일보 제1회 주부백일장 시부 장원을 하고, 『조선문학』 신인작품 수필부문과 시부문에 당선되어 문단에 데뷔했다. 현재 조선문학문인회 · 문예비전문인회 · 한울문인협회 · 책과인생문인회 · 국제펜클럽한국본부 회원으로 활동하고 있으며, 에세이집 『겨울나무』를 출간하였다. 파블로 네루다 탄신 105주년기념 수필부문 최우수상(문예춘추) · 한울문학 수필부문 대상 · 2010 올해의 존경받는 인물 대상(문화인부문—시사투데이) · 2010 대한민국 문학대상(제18회 연예정보신문사)을 수상하였다. 현재 ㈜이앤아이월드 고문이다.

•

삶의 무늬

2013년 10월 5일 인쇄
2013년 10월 10일 발행

지은이 / 시우미
발행인 / 박진환
펴낸곳 / 조선문학사
등록번호 / 1-2733
주소 / 110-092 서울 서대문구 홍제2동 96-4
대표전화 / 02-730-2255
팩스 / 02-723-9373

ISBN 978-89-98115-33-3

정가 10,000원

* 인지는 저자와 합의 하에 생략.
* 잘못된 책은 서점에서 교환해 드립니다.